APRENENTATGES
I UNA PROPOSTA

Jordi Cuixart

APRENENTATGES I UNA PROPOSTA

ara
LLIBRES

Primera edició: octubre del 2021

© D'aquesta edició:
Ara Llibres
Premià, 13, baixos
08014 Barcelona
www.arallibres.cat

L'equip editorial que ha treballat per fer possible aquest llibre està format pel director editorial de Som*, Joan Carles Girbés; l'editora, Helena Guilera; l'editor de taula, Víctor Farradellas; la *publisher*, Maika Pascual; l'equip de comunicació i màrqueting, Roser Sebastià, Sílvia Sanjosé i Marta Abella; i l'equip d'administració i finances, Alba Morcillo i Sònia Herrera.

Disseny de coberta: Eva Mutter
Fotografia de coberta: Jordi Borràs
Correcció: Elisabet Kamal, Natàlia Cerezo i Gemma Garrigosa
Maquetació: Octavi Gil Pujol

ISBN: 978-84-18928-02-4
Dipòsit legal: B 14888-2021

som* la cultura de tots
Som* és la cooperativa catalana líder en els sectors de la cultura, l'edició i la comunicació. Aglutina algunes de les marques més importants del país dedicades a la producció de continguts culturals, editorials i audiovisuals en diferents formats. Més informació a: www.som.cat

Aquest llibre s'ha imprès amb paper ecològic i lliure de clor, òfset cru de 80 grams, i ha estat compaginat amb cos 12,5 de la tipografia Minion.

A la meva dona i fills, pares i germanes,
que han estat la meva força.

Als meus companys de presó,
que seran sempre com germans.

Als companys de l'exili,
que no han defallit ni un sol minut.

Als companys de la Junta Directiva,
les juntes territorials, els professionals
i els 190.000 socis de tota la gran família
d'Òmnium Cultural.

Als qui tant han lluitat per la nostra llibertat:
la seva grandesa humana aconseguirà la fi de la repressió
i la democràcia per als Països Catalans.

I, en especial,
a totes aquelles persones que segueixen lluitant
contra totes les injustícies del planeta,
en molts casos perdent-hi fins i tot la vida.

--

A en Marcel Mauri.

Taula

«Tot, tant en la societat com en la vida privada, cal prendre-s'ho amb calma, generositat i un somriure amable.»

Rosa Luxemburg

«Mai no vam decidir convertir-nos en dissidents. Ho hem esdevingut, sense saber ben bé com, i a voltes hem acabat empresonats sense saber exactament com. Simplement vam tirar endavant i vam fer les coses que crèiem que havíem de fer i que ens semblàvem dignes de fer, ni més ni menys.»

Václav Havel

«Passi el que passi recorda respirar.»

Feliu Ventura

«L'esperança és una acció radical.»

Natza Farré

Vaig sortir de la presó de Lledoners el 23 de juny del 2021. Tres anys, vuit mesos i set dies després d'haver estat tancat a Soto del Real. En vaig sortir mitjançant un indult que mai no vaig demanar. La meva oposició va tornar a quedar expressada pocs dies abans, tant davant del Tribunal Suprem com de l'executiu espanyol. Els motius, sobradament explicats, ja queden reflectits en aquest llibre que vaig anar confegint mentre encara ens tenien tancats.

L'indult no demanat i el fet que finalment el Govern espanyol es veiés abocat a concedir-nos-el responen a una de les màximes que m'han guiat des de poc després d'entrar a la presó. És de Juan Mari Bandrés, que, passats molts anys de defensar lluitadors antifranquistes bascos, va arribar a aquesta conclusió: «En un contenciós jurídic de característiques polítiques, com més resistència s'ofereix al tribunal, més favorable tendeix a ser-ne el resultat». Resistència dins i fora de la sala: al capdavall, tot judici polític té una resolució política que es decanta en un sentit o en un altre en funció de la correlació de forces. La que hi ha al carrer, vull dir. La que els nostres actes ajuden a forjar.

Comptem també amb els tribunals internacionals: la nostra causa juridicopolítica ja és al Tribunal Europeu dels Drets Humans d'Estrasburg; més de dos mil fulls treballats a consciència durant mesos i lliurats just l'endemà d'esgotar la via espanyola amb la confiança que l'Estat hi serà condemnat per haver vulnerat drets fonamentals. I d'això també en farem palanca democràtica.

Escric aquestes ratlles de presentació des del mas de l'August Gil Matamala i la Maribel Giner, a l'Alta Garrotxa. Els ulls se'm van omplint de verds i de blau i de cel sense tanques. Alhora, en aquest país, continua havent-hi més de 3.500 persones represaliades per haver exercit drets fonamentals, i prop d'una desena de ciutadans (polítics, activistes i cantants) que han de viure a l'exili.

Aquest llibre no és un dietari, però està fet de dietaris. De trossos de cartes. De fragments de lectures. De converses, també. Del temps que vius i que passa i que potser proves de retenir en un full de llibreta, a l'ordinador, quan per fi en vam poder aconseguir (sempre sense Internet). Fulls i fulls i fulls escrits a raig des d'on he pogut anar traient i retallant i mirant d'ordenar això que ha acabat prenent forma amb l'objectiu de compartir els aprenentatges adquirits des de la presó.

Des de la presó, he dit. No pas de la presó. La presó no ensenya res, només tanca.

Soc molt conscient que la nostra reclusió ha estat de cotó fluix, comparada amb les condicions que han hagut de patir milers d'homes i dones tancats per qüestions polítiques al llarg de la història, amb les que tantes persones pateixen encara avui arreu del planeta. No m'atribuiré mai un sofriment que no he viscut, i tampoc no em considero víctima de res. De fet, la història de la humanitat és plena de persones que, per al bé comú, han posat en risc la seva vida en circumstàncies molt més adverses. I si això no els va fer perdre ni un bri de compromís ni d'esperança, el nostre present només admet que fem front a la repressió amb serenor i determinació. Sabent que som una baula. Sense més, i sense menys.

Per això he volgut fer el que des del meu punt de vista és un acte de responsabilitat que va més enllà de la situació personal i a què m'obliga la meva condició d'activista social i desè president d'Òmnium Cultural. Perquè he intentat viure la situació de presidi amb plena consciència del compromís amb la ciutadania que em significava aquest càrrec. Deixar-ne ara constància escrita em sembla també la manera de poder fer un tancament i una obertura de cicle.

La raó d'existir d'Òmnium és continuar sent el punt de trobada del conjunt del catalanisme social i cultural en les seves múltiples expressions, mantenir la construcció permanent del poble que som a partir del sentiment de pertinença col·lectiva (la bella fórmula explicitada en tres mots per Candel i Benet: «Un sol poble»), i ser-ho, efectivament, empenyent des de la societat civil, sabent que llengua i cultura catalanes són elements de cohesió social, i promovent els valors de la lluita noviolenta i la resistència social com a instruments imprescindibles per transformar la societat.

La intenció de les pàgines que segueixen, per tant, és compartir reflexions i aprenentatges. Per si poden ser útils. No hi cerqueu, perquè no la hi trobareu, cap pretensió d'exemplaritat: passar per la presó no atorga a ningú aquesta potestat.

He aprofitat les entrades del dietari personal que he anat escrivint durant aquests anys dins de la presó amb la idea de recapitular i de mirar al futur sense deixar de plantar cara a la repressió. Posant el focus en la proposta. Perquè això ens ha de permetre superar el xoc emocional de la virulència de la repressió, aclarir el camí i encarar una nova etapa d'enfortiment de la lluita noviolenta i de la confrontació democràtica amb l'Estat per exercir el dret a l'autodeterminació.

I això, amb plena consciència dels moments difícils que viu la democràcia al món mentre el planeta se'ns fon entre els dits.

La nostra és una causa col·lectiva i, si realment ho volem tornar a fer, fer-ho junts i fer-ho més bé, caldrà que els nostres errors no es repeteixin i que els possibles encerts es detectin i es millorin. És d'aquí que neix la necessitat de fer aquest llibre: de la simple voluntat de compartir.

Compartir perquè tots aquells que encara no han sentit la necessitat d'afegir-se a la nostra lluita tinguin ganes de fer-ho, i perquè els qui ja la compartim no renunciem mai a ser més, més determinats i a fer el camí plegats, enriquint-nos de tots els matisos.

Tortellà, la Garrotxa, Països Catalans, agost del 2021

La cel·la

El sol. Com alimenta el sol del pati!

Torno a mirar les primeres notes, aquell impuls d'escriure en un paper quadriculat de llibreta. Llista de tasques: intentar fer bon aspecte cada dia, història d'Aranow, trucades Txell entre 4.45 i 5.30 h, Maruja entre 12.45 i 13.15 h... Coses que s'han de saber: que el *peculio* es recarrega els dimarts, que els llençols es canvien cada quinze dies, que els vis-a-vis són trobades de dues hores sense vidre. Després ja van anar prenent forma de dietari, una manera d'ordenar-se les idees, de deixar-ne constància, del que sigui, però d'entrada eren pràcticament una enumeració. Un situar-se. Un aprendre aquest nou llenguatge, les paraules que configuren el món, instància, locutori, recompte, cel·la. Saber què és un mòdul de respecte. I que els funcionaris es fan dir «Don» abans del nom.

Però sobretot, el sol. Quan n'hi ha i quan se'l recorda.

Ara ordeno els apunts, les pàgines i pàgines i pàgines que he escrit aquests anys i que serviran per mirar de fer-ne un llibre que es pugui compartir. Ordeno i escric des de la presó de Lledoners, aquí al Bages. És hivern. La cel·la on m'estic s'encara a l'est i no hi toca el sol ben bé fins a les tres de la tarda, quan ja ha fet el gir. I, com que va tan baix, a les cinc ja no n'hi ha. Però si deixo les cortines esteses s'hi fa una cambra d'aire arrapada al vidre, i el fred s'hi queda acumulat i no n'entra tant a la cel·la.

Perquè, quan hi entra, hi entra de ple.

Cada vegada que fan el recompte, s'han d'obrir les cortines.

Fan recompte tres cops al dia.

A tot arreu és igual.

El cas és que la primera cosa que vaig escriure de Soto del Real, d'aquella fortalesa que és la presó que en diuen «de màxima seguretat», allà a tocar de Madrid, no va ser el fred, aquells dies horribles amb nevades i més nevades, ni els murs (un d'interior de cosa de vuit metres d'alçària, una tanca al mig d'uns dotze metres, i un d'exterior que en deu fer divuit o vint), sinó, quines coses, el sol.

«La mama diu que quan penges el telèfon et quedes plorant.» M'ho va escriure la meva germana Esther en una de les primeres cartes. Em va impressionar i encara m'impressiona ara, que ho llegeixo i ho transcric i ho torno a llegir. Aleshores li ho vaig negar, a l'Esther, perquè de cap manera no volia engrandir-li la pena, però aquella percepció de la mare, no cal dir-ho, era ben certa. L'Iván, el colombià, sempre em deia «*Se tiene que aguantar*», però aquells mesos primers em costava moltíssim. Acabava els cinc minuts de telefonada al límit. Sortia al pati absolutament aclaparat.

Entre la miríada de normes que calia aprendre de la vida dins d'aquells límits, hi havia les escletxes de contacte amb la família,

«Sí, a Soto del Real hi vaig passar molta por.
Tanta, que per això ara res ja no me'n fa.»

Dietari, 8/9/20

amb la gent de casa. Tantes telefonades al mes, de cinc minuts cadascuna; les visites al locutori, separats pel vidre gruixut, una a la setmana, quaranta minuts; les trobades en una sala, sols, durant dues hores, dos cop al mes. Tot pautat també, cronometrat, pendent de la instància que transforma un dret en concessió. Però calia aprendre a convertir-ho en moments nostres. Nostres i no seus.

Aguantar aquells cinc minuts de telèfon no era fàcil, al començament. Comptar el temps que falta perquè sigui l'hora, pensar i anotar temes perquè mai no es fes el silenci, modular la veu perquè no notessin res. Que jo estic bé, Maruja, que jo estic bé. Els últims segons em queien les llàgrimes i només esperava que no se n'haguessin adonat. Trucar es convertia en un suplici.

A l'inici els dies són durs, costen de mastegar. I et dius que t'has de concentrar en l'aquí i l'ara, i saps que és més fàcil de dir que de fer, però t'ho tornes a repetir: l'aquí i l'ara i no donis voltes als futuribles que no pots controlar. L'aquí i l'ara que no vol dir perdre l'esperança, que és tan sols ser pràctic, establir rutines útils, afaitar-se, fer-se el llit, el sol que hi hagi al pati, coses així.

I aleshores, arriba la primera visita, aquell esclat de vida.

Em feia vertigen. Molt. A una banda del vidre, dins d'aquell cubicle antipàtic, hi serien la Txell amb l'Amat, tan menut encara, l'Esther i la Neus; a l'altra banda, jo i les ganes de veure-les i d'abraçar-les fort i el vertigen i la necessitat de reaccionar bé, de mantenir la serenor i el coratge també. No plorar. Saber que passats quaranta minuts se n'haurien d'anar. Saber-ho i no plorar.

El 16 d'octubre del 2017 m'havien tancat a Soto del Real. Cinc dies després, el 21, vam tenir el primer locutori. Així se'n diu, del temps fugaç que pots passar amb família o amics separats per un vidre que mai no és net: «tenir un locutori».

Al començament, em va sobtar aquella mena d'estampida. No sé com descriure-ho. Els homes s'anaven acostant a la zona de locutoris i, de cop, a un senyal o una porta que s'obria o encara no sé quan, sortien espetegats a ocupar la seva cabina, en una cursa frenètica i desesperada. No entenia per què ho feien. Si hi ha lloc per a tothom, els volia dir jo, no cal esgarrapar-se. Però ben aviat vaig saber el què: en alguns locutoris no se sent pràcticament res, n'hi ha alguns altres que sí però no, i ningú no vol perdre així els quaranta minuts de conversa amb la família. I corre. Per ocupar els locutoris «bons». O, més ben dit, perquè no te'n toqui un dels altres. Vet aquí com, en no reparar les cabines espatllades, la presó mateixa propicia l'espectacle, la tristíssima competició.

En Javi, el company de taula al menjador, em va dir que no patís, que ell tenia experiència en la cursa i que em reservaria un locutori al seu costat. I així ho va fer.

A la primera visita, encara no hi havia en Javi, però vaig tenir sort. I va ser un regal dels déus. De cop es van fondre el vidre llardós i els barrots i el cubicle i tot: la Txell estava radiant i preciosa, tan plena d'energia; tenia a coll el petit Amat, que em va ben reconèixer i reia i em mostrava les dues dentetes tan boniques que ja tenia, i en el seu riure s'aturava el món. I les meves germanes. Ho vull tornar a escriure: les meves germanes.

L'Esther, la petita: com m'ha ajudat aquesta dona, quan el petit era jo i vivia fet un sac de pors! I la Neus, al seu costat, un pilar, l'única capaç de plantar cara a l'avi Antonio (que els anys l'han modelat d'una altra pasta, el meu pare, certament, però que l'Antonio és l'Antonio).

Les pors. Ja han sortit a la palestra. Les pors que no serveix de res negar i que hem d'aprendre a dominar. I a no permetre que ens dominin ni que ens marquin ni ens determinin els actes. Conèixer-les i lligar-les ben curt, aquesta és la clau, probablement.

El primer cop que vaig entrar al calabós del jutjat, allà a Madrid, em pensava que em moria. Que és una manera de dir, però que em va caure l'ànima als peus. Hi havia un banc de ciment. Una espècie de latrina metàl·lica. I aquell fred que se't ficava als ossos. I ja sé que és una absurditat, però pensava, Jordi, i si s'obliden de tu? M'havien tret el cinturó, els cordons de les sabates, tot. I em mirava aquella desolació i sí, em sentia que què hi faig, aquí.

Amb tot, però, aquesta batalla, la d'encarar-se al calabós, la presó, no ha estat la més gran de la meva vida. Possiblement, el xoc veritable l'havia tingut abans, amb el meu pare, entre els catorze i els vint anys, quan me'n vaig anar de casa. Perquè allò era molt bèstia. Aquella agressivitat verbal. Aquell tot. Que ara està molt bé, i que m'estima molt, i jo a ell, però allò sí que va ser la batalla. I potser gràcies a aquell xoc, el calabós i la resta no han pogut encapçalar el rànquing i els he anat prenent la mida.

Potser.

El fet és que de la primera visita, del nostre primer locutori, ja no en recordo el vertigen inicial, aquella prevenció com un pànic a l'estómac, sinó les dentetes de l'Amat, la mirada noble de les tres dones que tant m'estimo. Amb aquestes imatges me'n vaig anar a dormir. En calma.

Pocs dies després d'arribar a Soto del Real, vaig demanar un flexo. O, més exactament, vaig fer una instància perquè acceptessin que pogués tenir un petit llum d'escriptori. Les coses bàsiques també necessiten burocràcia, a la presó. Les coses bàsiques sobretot. I el flexo ho era. Per continuar llegint quan decreten apagada general, a la nit. Per poder escriure sense deixar-m'hi la vista.

Llegir i escriure. Costa d'explicar fins a quin punt són essencials, aquests dos actes. Llegir per obrir finestres, per aprendre, per esborrar la grisor del voltant, per aïllar-te dels sorolls metàl·lics, dels ecos continus que retrunyen pertot. Escriure per llançar fils que arribin a casa i que t'hi enllacin, per abocar-hi a raig el torrent de pensaments, per ordenar-los i mirar de comprendre i no oblidar. Escriure i escriure i escriure i assumir, en fi, que els bolígrafs et duraran menys d'una setmana.

Quan penso en aquells primers dies a Soto del Real hi ha la basarda i els sorolls i els murs i el fred i la cel·la de vuit metres quadrats compartida amb una altra persona a qui no coneixia de res. No tenir aigua calenta. No tenir intimitat ni per anar al lavabo. La humitat que es condensa i tan fàcilment malmena llibres i apunts. Tocar ferro perquè arribi el *peculio*, els diners que cada mes et poden enviar de casa i que fan de moneder per a les telefonades, per comprar llaunes a l'economat, bolígrafs, segells, aigua, etcètera. Aquells dies són tot això però també les coses que podia escollir jo mateix, les que eren meves i al marge de l'escenari sòrdid: el somriure de la Txell, les dentetes de l'Amat, la novel·la de Murakami.

Tòquio Blues.

No sé quantes vegades me la vaig llegir. L'acabava i tornava a començar. No tenia res més. Encara en dec poder recitar algun tros de memòria. Em va fer tant de bé que no soc capaç d'explicar-ho. Em va caure a les mans per casualitat. Me la va portar un pres de no sé on. I en català, com un miracle. Va ser el meu refugi. La malenconia. Els tocs d'humor i d'erotisme també. La literatura.

Murakami i cebiche. Els primers dies a la presó també es podrien explicar amb aquests dos mots. Si no fos que segurament sonaria massa estrany, el títol del primer apartat, capítol o comsedigui d'això que provo de fer hauria de ser exactament aquesta unió surrealista: Murakami i cebiche.

Cebiche de pop amb ceba.

Va passar el dia de la primera visita al locutori. La nit de la primera visita. Ja era a la cel·la. Deixar que el cor recuperi el ritme encara accelerat d'emocions. Sentir a la ràdio el discurs del president. Agrair a aquell noi, l'Iván, que abans de tancar-nos i del recompte i de tot, hagués volgut compartir una mica del plat que havia preparat a la cel·la, aquell cebiche que li evocava

Colòmbia i que per a mi va ser un bàlsam per als sentits. Tants de dies de menjar que mastegues perquè sí, gris i monòton de premonicions, i de cop, una llauna i ceba crua i ja ets a l'altra punta del món. I recordes que els gustos no s'esborren. Que sempre hi són.

El mòdul quatre de Soto del Real és de preventius. I sí: fins que no te'l fas teu és dur. Després, també. Però d'entrada cal saber-s'hi situar. Hi ha, sobretot, molts presos de fora de l'Estat, molts d'extracomunitaris que han fet petits delictes, que al final ja no saben on fotre i que deixen allà. S'hi poden estar dos anys, en presó preventiva, i dos anys més de pròrroga. Quatre, sense judici ni condemna. Quatre! És gent cansada, sobretot. I relativament jove. Al mòdul on van dur en Jordi Sànchez hi havia una tipologia similar de presos, però de més edat. Perquè ens van separar. Ens tenien a la mateixa presó però separats. No fos cas que l'un a l'altre ens poguéssim confortar.

I no va ser fàcil. Després, quan ja te'n fas una idea, quan ja saps baixar al pati, quan entens que has de fer-ho així com dient què passa?, ja veus que no hi ha problema. El matí a la biblioteca, una estona al pati, la mica d'aire i de sol i de fer voltes. I ja constates que no passa res.

Res.

Però no va ser fàcil, no. Fer cua per a tot. Saber-te observat per tothom. No conèixer els codis. Els funcionaris que avisaven els altres presos que no ens parlessin.

Això volien, suposo.

Tenir-nos sols.

En entrar al menjador, el primer dia, el funcionari em va dir «*Usted siéntese aquí*». A banda. I jo: no, no, jo vull anar allà. Pretenien que mengés separat dels altres, sota la càmera de seguretat, aïllat. Quan pujàvem al mòdul, també: «*Usted subirá el último*». I jo: que no, que si ho vols m'atures però que jo no m'esperaré. I ells: «*Por seguridad*». I jo: que res, que no, que pujo, que sec a taula, que surto al pati, que tot amb tothom.

Eren reaccions instintives, batalles constants que plantejava per simple intuïció, pensant només que si havia de viure amb ells, també havia de menjar amb ells, encara que d'entrada hagués d'encarar-m'hi a hòsties. Que si et fot por t'aguantes, em deia a mi mateix, però seus normal al menjador. Si no, m'hauria convertit en un marginat. I no n'hauria tret res de bo. Ni seguretat ni res. Al contrari.

I tampoc no volia que els altres presos poguessin tenir la sensació que me'n sentia diferent o per sobre.

Sort que ho vaig fer així. D'aquesta manera vaig tenir la possibilitat de tastar aquell cebiche. I ho escric en la seva literalitat i com a metàfora també.

A la biblioteca de Soto del Real, un lloc petitet però de bon estar, hi havia tres pòsters de la Vicens Vives. Mapes, de fet: «*España político*», «*Europa físico*» i «*Planisferio universal*». Però jo hi llegia Vicens Vives. Jaume Vicens Vives. I pensava, sí, què dirien avui, ara, per a bé i per a mal, els homes d'aquella generació.

En un volum que es deia *Crónica del siglo XX*, hi vaig trobar l'entrada següent per a l'11 de juliol del 1961: «*Los promotores*

«Dormim amb tres mantes i vestits.
Fa molt de fred, però es pot suportar.»

DIETARI, 11/11/17

del premio literario Sant Jordi, instituido en diciembre del año pasado en Barcelona, prosiguen en su empeño de fomentar la cultura catalana. Y hoy han constituido una sociedad civil con fines culturales llamada Òmnium Cultural. *El proyecto de constitución se presentó el 20 de febrero pasado y hoy ha quedado formulado ante notario*».

«*Prosiguen en su empeño*» em va semblar una descripció deliciosa. I encertada. Efectivament, avui continuem. Amb l'entitat civicocultural més gran d'Europa.

Aquell espai, la biblioteca, va ser una descoberta. I això que era roïna amb ganes. Però hi estava tranquil, gairebé còmode. I en vaig poder manllevar algun llibre, malgrat tot. Les cartes d'Antonio Gramsci a la seva cunyada Tatiana Schucht, per exemple i sobretot. Les vaig devorar. En aquella petita biblioteca m'hi passava matins sencers, com un monjo, escrivint. Cartes, sobretot. Quantes cartes i quantes persones que m'han sacsejat a la vida! He tingut tanta sort! No sé si he estat, o soc, capaç de transmetre'ls aquest agraïment, d'explicar-lo com cal.

En Carlos David, el bibliotecari, colombià, de Medellín, en veure'm arribar cada matí em deia, indefectiblement, com si fos la consigna necessària per accedir al temple dels llibres:

—*Antioquia federal!*

I jo li responia, també indefectiblement, el colofó que ell esperava:

—Ara i sempre!

El primer cop que vaig anar a declarar, allà a l'Audiència Nacional espanyola, duia un mocador groc. Groc precisament i groc curiosament abans que el groc prengués tant de protagonisme a les nostres vides. Dins del tren tenia molt de fred i la Txell me'l va posar. Un regal, una protecció, el seu mocador. El segon cop, quan se m'hi van quedar, ja havia sortit de casa amb el mocador per dins. Encara el tinc. Ha superat els trasllats, els escorcolls, ho ha superat tot. Va ser una odissea entrar-lo a la presó, perquè se'l miraven com si portés una arma. Pel color. Groc: el color proscrit, el símbol de llibertat, aquesta recuperació de la resistència clandestina. Al segle XVIII, els borbònics ens el van prohibir exactament per això; al segle XXI, ho han tornat a fer. Però és que la Txell m'havia regalat el seu mocador. Diria que és de seda.

Suau com la pell de la meva estimada. Durant els primers mesos, el duia sempre a sobre. Si calia anar a declarar, a qualsevol tràmit (escorcoll, furgoneta, escorcoll, calabós, jutge, calabós, furgoneta, escorcoll, cel·la), ben arrapat al coll entre les samarretes, com un escut.

Que, de fet, ho és.

A la nit, el posava sota el coixí. I una mà també, amb ell, sovint. Notar-lo em donava pau.

Un dia de tardor, a Lledoners, el vaig lligar als barrots de la finestra. La meva cel·la dona a l'anomenat «carrer major» de la presó, just davant del mòdul sociocultural. Havien vingut la Txell i la mare i l'Amat, perquè hi havia la mostra de teatre que cada any se celebra a la presó. Mig d'estranquis, ens havíem pogut fer una foto junts, que no en teníem cap des de feia un any. Una jornada bonica i important. Quan se n'anaven, els vaig poder acomiadar des de la finestra. El braç que diu adeu i el mocador groc.

Ho vaig fer amb la millor intenció del món.

Tan sols després em vaig adonar de fins a quin punt aquella imatge els podia haver impactat.

Un cop t'has tret de sobre l'aprensió primera, i ja has començat a parlar amb la gent del voltant, i a caminar pel mòdul amb la naturalitat que la situació reclama, el pati, aquest lloc d'esperes i d'homes que hi deixen lliscar el temps i l'avorriment, esdevé un espai repetit, necessari. Pel sol, quan n'hi ha. I per l'aire, també. La mica de vent que hi llisca lliure, obviant els filats espinosos i obviant-ho tot. I per la necessitat simple de caminar.

Si ara pretengués establir un còmput de les voltes i voltes i voltes i voltes i voltes que he fet al pati (als patis) aquests anys que he estat a la presó, el resultat seria marejador. El ciment gris de Soto del Real, tan acostumat a tantes coses, va acollir amb indiferència els meus primers passos i els de després també. Amb en Jesús Ruiz, que era dels Hostalets de Pierola i havia estat set anys en una presó del Perú, ens fèiem companyia caminant al pati. I allà al terra de ciment, a la bassa perenne que hi havia, per ganes i per enyorança i pel que fos, no sé com però va ser així, hi vèiem dibuixat el mapa de Catalunya. Això fèiem: mirar el «mapa» i alçar la vista després al cel tan blau de la serra de Guadarrama. I, acte seguit, pensar que quant de temps feia, que no guardàvem un moment per mirar el cel. I dir-nos, no sé ara si ell a mi o jo a ell, però tant hi fa, que l'ésser humà haurà d'aixecar la mirada de terra si vol tornar a ser lliure.

Poc abans de Nadal, van canviar en Jesús de mòdul. No cal ser malpensat. Encara que passats uns quants mesos, quan jo ja vaig ser al mòdul deu, el fessin tornar al quatre. No vam coincidir més. Sé que un dia pujaré al cim de La Pedriza i des d'allà pensaré en els companys que vaig conèixer a Soto. Jesús, Moha, Paco, Juan, Habibi, Sevilla, Rubén, Mauricio, Chacón... Durant molts mesos van ser la meva família, els meus amics. Els altres, venien i marxaven. Amb ells, m'hi quedava. A dins. Són vincles que no oblidaré mai. Vaig convertir el mòdul en el meu barri, la presó en la meva ciutat. Més enllà de qui fos cadascú. El temps en reclusió és també el descobriment d'altres vides, d'altres històries que no solen tenir un final previst i, en tot cas, ni de bon tros feliç. I és aprendre a parlar-hi. Aprendre a escoltar, no sé si hi ha una cura d'humilitat més gran. Perquè tant a dins com a fora, presos socials i polítics, al costat de les famílies, mantenim la lluita compartida per la dignitat de la vida també quan és tancada a la presó.

—*¡Recuento! ¡Abran las luces!*

Amb més o menys bon to, depenent del funcionari que s'encarregués de transmetre'ns el missatge-despertador, ens llevàvem a Soto del Real cada matí. I feien el recompte. I s'estenien els sorolls. Ecos metàl·lics. Cisternes dels vàters. Algunes veus que rebotaven a les parets. Cada dia igual.

Els sorolls i els colors: tantes coses que donem per tingudes i que a la presó s'estrafan. Soto del Real era de color marró claret, merda d'oca, desastrós. M'agraden molt els colors vius, gairebé diria que els necessito, i allò, aquella cosa de color gos quan fuig semblava feta expressament per afectar l'ànim de la gent.

Això i la brutícia.

Molta brutícia.

És que no calia. Però ho tenien així. El mòdul quatre de Soto del Real era un niu de merda. I no ho entenc, perquè la gent era curosa, i netejava. Però no hi havia antiplagues, i els llums eren plens de bestioles, i quan alçaves les escombraries, allà hi corria de tot, escarabats i cuques i jo què sé. Cada dos per tres senties que algú havia agafat puces. I això, en fi, no és normal. No ho és. No.

La primera visita d'en Pere Carles com a advocat d'Òmnium va ser la vigília del 27 d'octubre. En Pere, la Marta Garsaball, la Marina Gallés i en Jordi Bosch s'ho van combinar per venir cada setmana a Soto. I a Lledoners. És per això que dic que Òmnium és una gran família. Parteix d'una gran generositat.

Amb prou feines si feia deu dies que em tenien allà i tot era molt dur. El país vivia en estat de xoc i sense saber què fer-ne, de l'1 d'Octubre. Jo tenia els ulls saturats dels no-colors d'aquell no-lloc. Ens van fer anar als locutoris antics, definitivament rònecs i foscos. Vaig sentir que no podia més. Crec que és l'únic cop que he dit «traieu-me d'aquí».

Vis-a-vis, que ve del francès, és el nom mig sofisticat que reben les comunicacions especials, les que no ens posen un vidre pràcticament translúcid de barrera. De dues hores, dues al mes, una de cada, no acumulables i no recuperables. Aquí ho defineixen sense embuts: vis-a-vis familiar, «*cuatro personas*»; vis-a-vis íntim, «*se puede tocar*». Que al familiar també perquè no hi ha vidre i perquè les abraçades s'enyoren tant, però que «*se puede tocar*» són maneres de dir que tens dues hores en una cambra amb la parella.

Tampoc no són automàtics. Els has de demanar. Per instància. Tot per instància sempre.

Al començament, per poder estar també amb l'Amat o amb els pares, tots junts, amb la Txell volíem canviar tots els vis-a-vis a familiars. Ho vaig sol·licitar. Amb la instància corresponent i argumentada. Em van respondre que no. I em van insinuar que autodenominar-nos «presos polítics» no ajudava gens en aquella mena de coses. Vaig intentar fer-los veure que justament allò que deien, aquella represàlia política, ho corroborava i reafirmava, que érem presos polítics. No sé si es van aturar a pensar-hi. Que «*viene directamente de la secretaría general*», van respondre.

Precisament.

No tinc clar que ells ho entenguessin. De la nostra banda, constatàvem que tampoc les decisions d'aparença administrativa no tenien res a veure amb el comportament que poguéssim tenir dins de la presó. I assumir-ho ens va ser útil per començar a prendre consciència que, en el nostre cas, portar-se bé no serviria per a res.

«Són dies durs, costen de mastegar.
No sempre ni tot el dia, però fer els primers vis-a-vis —i avui tinc el familiar— produeix sacseig. No paro de pensar en l'Amat i la Txell a tota hora. I en la situació política a casa. Intento entendre escenaris. No ho haig de fer de manera obsessiva.»

DIETARI, 30/10/17

La qüestió és que els vis-a-vis sacsegen sempre. Tant si són de parella com si són familiars, sacsegen.

La primera trobada amb la Txell va ser el 27 d'octubre del nostre trasbalsat i poderós 2017, justament el 27, però unes hores abans que el Parlament votés la brevíssima declaració d'independència. I allà, a Soto del Real, ens vam abraçar tanta i tanta estona que vam perdre la noció del temps. Del temps i de tot. No et deixen dur rellotge. Tres hores, ens hi vam estar. Ho vam saber després, que a tots els presos d'aquell torn ens n'havien *regalat* una. Va passar volant. I vam parlar. I vam fer l'amor. I vam plorar. I no puc dir que sigui un record bonic, però sí. Sí que ho és. En la mesura que és nostre, ho és.

De seguida, potser especialment arran d'aquell primer vis-a-vis, vaig tenir consciència del patiment col·lateral, el que potser menys es fa notar, el que menys es queixa, el de les famílies. El seu dolor, que és viscut sense cap ostentació però que igualment burxa, no sempre rep l'atenció que mereix i necessita. Parlar-ne ajuda. Saber-ho. Que els viatges fins a Madrid són llargs. Que després, a casa, tothom pregunta, i que la intenció és bona, preciosa, però que el pes d'anar responent cau sempre sobre la mateixa persona. I que de vegades aquest pes... pesa.

La família ha d'encarar una batalla que mai no havia sospitat que hauria de lliurar. Però, al llarg de la història, la lluita per la democràcia i la dignitat de les persones mai no ha demanat permís per aparèixer: arriba i t'interpel·la i tu senzillament has de decidir què vols fer. I tots ells, els pares, les germanes, la Txell, els fills menuts, l'Uri i en Pol, tots han tingut la valentia d'assumir el rol que la situació els reclamava. Alguns ho han fet sense dubtar-ho ni un segon i d'altres sense adonar-se'n.

Ship-shape. A la manera d'un vaixell. On cada cosa té el seu lloc perquè en una situació d'emergència la puguis trobar ràpidament i sense pensar. M'ho va explicar en Brian, l'irlandès amb qui compartia cel·la a Soto, i tenia molta raó. Des d'aquell dia la consigna va ser mantenir aquell minúscul espai de maniobra sempre *ship-shape*. O al més *ship-shape* possible. Per no perdre res.

Mantenir-lo *ship-shape* i tan habitable com puguis. Col·locar bosses de plàstic a les frontisses de la finestra perquè no entrés l'aire fred, cartrons per aturar l'aigua que s'hi condensava i que baixava avall i que feia petites inundacions i que ho malmenava tot, llibres i tot i quin desastre. Girar el matalàs de manera regular, també. Era com un d'aquells de refugi de muntanya, d'escuma, antic. Si el canviava sovint de posició, almenys no es deformaria tant. Dormir algunes hores seguides sempre és important. I el matalàs, és clar, hi ajuda.

Les primeres fotografies que vaig penjar al plafó de la cel·la eren de l'Amat: una a la platja, a Menorca, el seu primer (i únic) bany tots tres; i l'altra amb la Txell, a la manifestació que reclamava la nostra llibertat, a la Diagonal de Barcelona. És preciosa. S'hi veu, al darrere, l'immens mantell de llums de les espelmes.

Crear espais de llibertat, dins. Espais que ens connectin amb el fora del qual ens havien separat físicament. «Lluitar permanentment per trencar el bloqueig», em va recomanar un històric pres polític de l'Estat. Per sentir la llibertat de la qual ens privaven. Resistir. Resistir-se. Obrir espais per sostenir la dignitat. Per preservar la llibertat justament.

No és gens fàcil d'explicar què se sent, d'aquí estant, quan arriben imatges dels actes, multitudinaris, a petita escala, com siguin, que es fan per la nostra llibertat. Tampoc no se sent cada cop el mateix. Ni cadascú igual. Sempre hi ha emoció, és clar. De vegades és un nus fort a la gola, de vegades un respirar suau, de vegades un sí senyor i som-hi! No sé què devia tenir aquella concentració de la Diagonal amb passeig de Gràcia; tanmateix, si era pel silenci que s'hi intuïa, per la nit il·luminada, perquè va ser la primera reacció ciutadana organitzada davant de l'empresonament, pel recolliment i la força de les espelmes entre la gent, la severitat, la multitud que deixava el to festiu i mostrava plena consciència de l'hora greu, però el cas és que quan en va arribar notícia va ser una commoció gran. Una commoció i una força. Recordo també la gran foto del carrer Marina, organitzada per Òmnium i l'ANC. Perquè de vegades sembla que ens hi hàgim acostumat, que n'hem fet tantes i de tan espectaculars que ja no els veiem el mèrit. I no és cert. Al contrari. La resistència a fora ajuda a resistir dins. Aquella gentada! Gran part de la meva força l'he treta dels de fora. Pràcticament tota.

Les cartes, feixos de cartes, finestres dins de les cartes, van començar a arribar de seguida. I era emocionant, trepidant. Sempre ho ha estat. I ara escric «van començar a arribar» conscient que n'hi va haver moltes més, moltíssimes més, milers i milers més, i no exagero, que qui sap on van anar a parar. De vegades, algun funcionari se'n vantava: que aquí tens les teves cartes, aquesta molèstia que us escriuen tan sols per carregar-nos de feina, una cinquantena de sobres, però que te n'he tornat enrere cent vint. Perquè no tenien remitent o perquè estableixo que la lletra no era clara o pel que sigui, he decidit que no t'arribaran.

Mai no he entès que un home pugui sentir-se satisfet d'actuar així.

Com aquell que anava dient als altres presos que si ells no rebien cartes era perquè jo en rebia tantes que ho col·lapsava tot.

O com els que les feien caure a terra expressament. Amb poca dissimulació. Perquè jo les hagués de recollir.

O com el que les obria (sempre les obren; encara no m'he acostumat a contemplar indemne la profanació) amb una navalleta desplegable, objecte prohibidíssim allà dins, però que ell mostrava qui sap per què.

O com aquella altra, que va obrir les cartes davant meu amb tanta mala traça com va poder, rebregant, estripant. Però això, aquest esforç malaguanyat a consciència, va ser després, al vespre, una oportunitat, causa d'una senzilla cerimònia de reconeixement. Perquè, un cop a la cel·la, les vaig anar endreçant, les cartes. Una per una. N'hi havia cosa de quatre-centes. Les reparava i les plegava i anava acaronant així cadascuna de les persones que m'havia escrit. En silenci. I el gest destraler d'aquella funcionària de presons va donar peu a un petit acte d'amor.

A Barcelona, a la seu nacional d'Òmnium, un petit exèrcit de voluntaris començava a dedicar matins i tardes a classificar centenars i milers de cartes.

Després hi havia les normes generals, que complien tots amb idèntica indiferència: l'ordre explícita de retornar qualsevol enviament de qualsevol mena de llibre, per exemple. Bibliofòbia d'Estat que ho explica tot.

També n'hi va haver un, de funcionari, en aquell mòdul quatre de Soto del Real, un només els nou mesos llarguíssims que hi vaig passar, que em va oferir una mica d'empatia. Era l'únic que em lliurava les cartes de manera respectuosa, sense obrir-les. Duia una polsereta amb la bandera espanyola. Com per mostrar fins a quin punt els apriorismes ens poden ser una distorsió.

El 25 d'octubre d'aquell 2017 del referèndum, assegut a la cel·la de Soto del Real, mentre en Brian cantava, jo escrivia (cadascú troba la seva manera de canalitzar el torrent de pensaments). I vaig respondre algunes cartes. I després vaig anotar al dietari: «Va molt bé però cal no caure en el desànim quan això vagi de baixada. És una cursa de llarg recorregut i ens equivocaríem si la centréssim en el nostre empresonament».

Des de la cel·la, escrivint, m'agradava alçar els ulls i mirar el pati. Estava sempre il·luminat, les ombres hi feien jocs de perspectives. Que no era que m'oblidés que allò era una presó (mai no te n'oblides), però que allargar la vista, i fer-ne abstracció, focus blancs i grocs com estrelles, línies rectes i silenci, també estava bé. De dia, una mica més enllà, s'hi veien els prats de la

Sierra. Al flanc esquerre, les muntanyes tenien un perfil similar a Montserrat. Amb imaginació, jo l'hi veia. I el resseguia: pic dels Estudiants, el Cavall Bernat... La Foradada, no: no hi era per res del món. A la dreta s'hi divisava un altre cim, i jo pensava en Sant Llorenç. Més a la dreta, el Montcau, al mig del coll d'Estenalles, sota el Marquet de les Roques amb en Pere Quart i la Colla de Sabadell.

El meu cap era un torrent de records i pensaments. Tenia molt clar que havia de saber canalitzar-ho, que aquest havia de ser part del meu treball, en l'etapa primera. M'havien dit, allà a Soto, que el primer mes de presó té aquesta característica, així que res, em repetia: esperit positiu i confiança. Vaig omplir fulls i fulls de llibreta resseguint, una per una i fil per randa, les cases i els carrers de Santa Perpètua de Mogoda: el número 18 és casa els pares, fa cantonada gairebé; al 16 la carnisseria on treballava la mare, Can Sagal; la Lola de cal Patatero deu ser el 12 més o menys, perquè el 14 diria que és on puja la Quimeta, que al pis de dalt hi vivien en Joan i la Pilarín...

L'enyorança era forta. Potser així la mirava d'apamar.

Saber que els consellers entraven a la presó va ser un cop dur. Al segle XXI, solucions del segle XIX: vet aquí com l'Estat va voler entomar les eleccions del 21 de desembre del 2017. Les que ell mateix, en dissoldre'ns el Govern, havia convocat. Les del 155.

L'Estat i les persones que el sostenen, no ho oblidem. L'Estat contra la gent, no pas al seu servei. L'Estat contra les demandes de la gent. Quina por li fa sempre, la gent, a l'Estat! La gent i la vida.

I sí, quina tristesa tan gran, quan va arribar la notícia. Sobretot això, d'entrada. Més enllà de les consideracions polítiques, fins i tot per sobre de les consideracions polítiques, en aquell moment no podia deixar de pensar en els consellers i les conselleres, concretíssimament, amb noms i cognoms i gestos coneguts. En la primera nit que passarien tancats.

I la primera nit és molt dura.

Al mòdul d'ingressos d'on fos que els haguessin dut, amb aquella estupefacció.

No m'ho podia treure del cap. Tot i saber que després, de mica en mica, pots concentrar-te a pair i ser fort, tot i recordar també allò que em deia sovint en Moha, aquell noi marroquí que sempre em convidava a constatar algun dia que la seva mare fa el millor cuscús del món, que d'aquí a uns anys t'adonaràs que sí, que tot passa, que el temps és molt capritxós i que això que ara et sembla que serà per a sempre, més d'hora que tard haurà canviat, tot i aquesta obvietat tan sovint oblidada, no em podia treure de sobre l'angoixa de pensar en la seva angoixa.

No us oblideu de respirar. Això els hauria volgut dir. I que ara tot és gros, però que després el dia a dia no és sempre tothora tan terrible. És dura l'evidència recurrent que t'han privat de llibertat. Però respires. De vegades, fondo. Des de la plena consciència de cada respiració, respires. Quan agafes aire i quan el deixes anar.

Va ser el gener del 2018, a començament d'aquell gener congelat a Soto del Real, que em vaig adonar, realment, per dins, amb plena consciència, que jo d'allà no en sortiria. O, més exactament, que l'empresonament seria llarg. I que, per tant, havia d'assumir, amb totes les conseqüències, que era un pres polític. I actuar com a tal.

Abans ja n'havia parlat, amb la Txell, amb la gent d'Òmnium: que l'Estat podia fer que s'allargués, que podia fer el que volgués, que ens hi havíem de mentalitzar. Amb aquesta intuïció inconscient i amb aquesta claredat ho vaig dir, ja al primer vis-a-vis que vam tenir, abraçat a la Txell i pronunciant-ho en veu alta per sentir-ho també jo mateix: hem d'anar prenent consciència que faran que sigui llarg. Perquè ens volen fer mal.

És cert que d'entrada ja ho havíem dit i repetit i teníem claríssim que el nostre empresonament era una decisió política, però crec que va ser aleshores que vaig interioritzar de debò què significava ser un pres polític.

Nosaltres ho teníem clar. I ells, més encara.

Ara penso en aquell home, aquell funcionari a Soto del Real que un dia de les primeres setmanes d'empresonament va comparèixer davant meu, tot cofoi, amb una carpeta gruixuda sota el braç. Papers, documentació, tot d'informació personal meva. I de cop em vaig adonar que jo acabava d'arribar però ells ho sabien tot de mi: noms complets dels familiars, dates de naixement de la Txell i de l'Amat (per què?), fotografia de l'adreça de casa escrita en un sobre amb la meva lletra, documents i més documents d'aparença banal però detallada. Tot el que són dades que poguessin compilar, vull dir. Però les sabien. I em va fer angúnia. Suposo que per això va procurar que ho veiés: perquè em sentís vulnerable.

Però resulta que, en una de les primeres cartes que em van arribar, una dona m'hi va incloure el conte «Jaume de Vidre», de Gianni Rodari: el nen tot transparent que no pot mentir ni guardar secrets, que es fa un home de vidre i que, quan pren el poder un dictador i obliga al silenci, continua mostrant als seus compatriotes els pensaments de rebuig a la tirania.

I ja va estar.

Per un conte.

Vaig entendre que si aquell era tot el poder que tenien sobre mi, no tenien poder. Que no podia permetre que allò em debilités. Que sí, que mai no sabrem què sap o què no sap l'Estat de nosaltres, però que cal assumir-ho i ja està. Que això no significa resignar-s'hi ni no reclamar el dret a la intimitat, sinó prendre'n consciència. Saber-ho i dir-ho i no posar-li-ho fàcil, però, alhora, no permetre que aquesta exposició sigui un bloqueig.

La consciència de pres polític, a més de la càrrega de dignitat que comportava, tenia també un avantatge pràctic: la protecció. Perquè sempre, tothora, també quan pretenien de transmetre el missatge que el silenci, l'obediència, evitaven «problemes», vaig tenir la clara percepció que l'aïllament forçat d'aquells murs es feia miques gràcies a la xarxa solidària, a la companyia contínua, a l'atenció incansable que es trenava i es mantenia a fora. Era el meu escut invisible. I també a dins, amb l'enllaç de l'Adrià Font, de la Marta Bolinches i del Marc Serra. Ells eren els meus ulls extramurs i de retruc les nostres vides es van anar entrelligant com mai no hauríem imaginat. Si m'hagués passat res, immediatament s'hauria sabut a l'exterior. Immediatament.

Tal com vaig comprovar aquell dia de la carta del pres basc.

El funcionari que obria la correspondència va veure el remitent i de seguida me'n va fer retret. Jo feia poc temps que era a la presó i no entenia res. L'home parlava i s'anava escalfant tot sol. Jo no badava boca. Em va amenaçar d'enviar-me al mòdul d'aïllament. Una hora de pati, sol, i vint-i-tres tancat en una cel·la buida. Volia que estripés la carta davant seu. Evidentment, no ho vaig fer. Al cap d'unes hores, aquell funcionari em seguia pel pati amicalment dient-me que tot havia estat una broma i un malentès. És clar que sí. Devia haver-se espantat per si jo ho explicava i el lamentable espectacle arribava a algun superior seu. És clar que no. En realitat, per tant, la meva eina evitadora de problemes era la projecció en altaveu, i no pas obeir i acotar el cap.

Va passar diverses vegades, de diverses maneres i amb el mateix fons: que no sou presos polítics, però que expressar opinions polítiques pot tenir conseqüències. Processals, en la futura condemna, en la vida a la presó. Les coses quotidianes. Què et donem i què no. Aquell premeditat confondre els drets amb les concessions.

No calia que les formes fossin brusques perquè el fons quedés ben clar. Recordo un funcionari de Soto del Real venint a trobar-me al menjador, a fer conversa, a aprofitar-ho per enviar-me un missatge del director: que no li havien agradat les declaracions de la Txell a *The New York Times* en què ens definia com a presos polítics. Ah. Li vaig respondre, amb la seva mateixa pulcritud, que nosaltres ens en consideràvem i que, en tot cas, estava convençut que això no tindria cap tipus de repercussió en el nostre dia a dia dins de la presó. Somriure. És clar que no.

Potser el cas que més clarament il·lustra aquesta seva peculiar contradicció és el de l'article d'en Carlos Zanón al diari *El País*. Quin terrabastall. Fins i tot em van obrir un expedient sancionador, una d'aquestes penalitzacions internes que pretenen regular el comportament dels presos. «*Parte*», en diuen. I com a càstig van voler treure'm un dels vis-a-vis amb l'Amat. Finalment havia aconseguit de convertir l'«íntim» també en «familiar» per veure el meu fill cada quinze dies, i ara, arran d'aquell article, el director de la presó deia que no, que el nen tan sols podria venir un cop al mes. Aquesta mena de represàlies, feien.

M'agrada molt com escriu Carlos Zanón. Té aquesta poètica de la Barcelona que no sempre ha sortit a la fotografia, que no sempre hi surt, gairebé mai, i que mereix sortir-hi. Vides de perdedors que no s'hi acaben de resignar, que no sempre ho són. Les costeres del Guinardó amb música de fons. Guitarra elèctrica, segurament. *Yo fui Johnny Thunders*. Que bona.

Quan va dir si podria fer un reportatge a Soto del Real, de seguida m'hi vaig avenir. No sé quant de temps vam estar xerrant. Només em va saber greu que se n'hagués d'anar tan ràpidament. M'hauria quedat molta més estona escoltant-lo.

Cosa de quinze dies després de la visita, va sortir l'article. Bo, és clar. Al seu estil. Al seu punt de vista, que no és el meu en alguns aspectes, i que ja va bé, també, que sigui així. La conversa hi quedava reflectida. I més coses també.

Va sortir l'article i vaig saber que a la presó l'havien llegit de seguida perquè de seguida me'n va arribar queixa. Encara ara no ho entenc. És un article molt ben fet. Des de les distàncies i des de les proximitats. I no diu res de la vida a Soto del Real, ni de les condicions, la brutícia, res que interpel·li directament els responsables, tècnics, de la presó. Res que en justifiqués la reacció, més enllà, jo què sé, del fet que un escriptor conegut vingués a veure'm i en sortís un reportatge en un diari espanyol. Va ser com si s'haguessin ofès. I dos dies després de la publicació, em van dir que el director proposava de treure'm un dels vis-a-vis amb el meu fill, que aleshores tenia menys d'un any. Passats quatre dies més, engegaven el procés de l'expedient sancionador. Quinze dies i compareixia a la comissió disciplinària. Això sí que ho feien ràpid.

Comissió disciplinària: quantes coses que diuen les paraules! Allò que entenen per disciplina, a la presó, és l'instrument amb què es vol estovar cos i ment. Es vol. Perquè no poden.

Després, tal com s'havien esverat ho van deixar caure. Funcionen així.

Des del primer dia vaig prendre la decisió que, si havia entrat a la presó com a president d'Òmnium, només en sortiria, al preu

«Em passo l'estona tossint. He demanat xarop i no en tenen. A les presons la tos se'n va sola, crec.»

DIETARI, 22/5/18

que fos, com a president d'Òmnium. És a dir, que de cap manera no pensava dimitir. I aquesta determinació tan simple, aquest petit objectiu, em va donar molta força. Encara avui me'n dona. L'Estat mai no decidirà qui és el president de la nostra entitat. Fent voltes al pati del mòdul, fent cua al menjador, a l'economat, on sigui, dia rere dia i clavats en el pensament hi he tingut la memòria dels nostres fundadors, de la Muriel Casals, d'en Jordi Porta... I l'afirmació clara i repetida com un mantra: ells en el meu lloc farien exactament el mateix. Perquè no m'han tancat per ser en Jordi Cuixart, sinó per ser el president d'Òmnium Cultural. I si pretenien que renunciés a ser-ho, és motiu suficient per entendre la gran importància de no fer-ho. Resistir també és això, sumar els teus motius, de vegades també personals, per valorar la transcendència de no renunciar.

L'Estat no decidirà qui presideix l'entitat i tampoc no establirà què fem o què deixem de fer. Vull dir que, d'alguna manera, tancant-me a mi han pretès coartar o assenyalar o fins i tot dirigir Òmnium Cultural. Per acció o per omissió. L'entitat i cadascun dels seus socis i sòcies. Dels 35.000 que n'érem quan vaig començar amb la Junta que presidia la Muriel, dels 90.000 que ja n'érem el 2017 i dels més de 190.000 que en som ara que escric.

No ho han aconseguit.

I sé que és una frase, un eslògan o, si hi poses música, un tros de cançó, però el fet és que no m'he sentit mai sol. Perquè tinc a prop, sempre, la gent de casa i que m'estima, la Txell, els fills, la família, els amics, és clar. Però també perquè penso en aquestes cent noranta mil persones que formen la xarxa Òmnium, i és una companyia i una responsabilitat també.

Vull dir que de seguida vaig tenir clar que el meu empresonament no era una qüestió individual. Que ho era perquè em tenien a mi, concretament, aquí tancat, i no soc cap abstracció, però que alhora no ho era perquè jo feia, faig, de president d'Òmnium Cultural. I el meu comportament, també a la presó, sobretot a la presó, ha quedat marcat per aquesta exigència. Com ha de ser.

En tot cas, recordo amb especial emoció i intensitat el dia que en Marcel Mauri i en Jordi Bosch em van dir breument per telèfon, aprofitant la trucada diària de cinc minuts a cals pares, que tota la Junta havia decidit mantenir-se a lloc fins que no em deixessin en llibertat. I això va ser una alegria i un confort i un estímul, i un tot; si ells aguantaven a fora jo no podia ser menys dins.

Sentir-te recolzat per una organització dona força i capacitat de serenor i de plantar cara.

Òmnium també va fer la seva presa de consciència. Adaptant-se a les noves circumstàncies. Sense renúncies, denunciant la repressió i posant-hi cara i donant veu a la resta de represaliats; posant-hi xifres i organitzant centenars d'actes per l'amnistia. La feina va ser i és ingent. Permeteu-me citar en Roger Rofín, la Pilar Vallès o l'Oleguer Serra, en representació de tants professionals de l'entitat.

Continuo com a president d'Òmnium, per tant, és clar. I això no treu que, alhora, deixi pas. Vull dir que no passa res si has d'assumir que des d'aquí, tan lluny de casa encara que els murs s'alcin al Bages, les anàlisis polítiques per força et queden escapçades, que no pots aportar gaire en el curt termini. I hi poso el «gaire» com un acte de commiseració. D'autocommiseració, diguem-ne. Però és que realment no passa res. Amb el transcórrer del temps, a més, aquesta sensació, que es manté, també té molt a veure amb una determinació que, si va començar de manera inconscient, ara ja és del tot premeditada: no interferir en les decisions immediates. Si un esdevé útil com a símbol, cal aprendre a ser símbol sense que el símbol es mengi la persona. De fet, cal ser honest i reconèixer que és l'Estat qui ens ha convertit, als presos polítics i exiliats, en un símbol, contra la nostra voluntat.

D'aquest no interferir en les decisions immediates n'estic convençut, primer, perquè no tindria cap sentit, perquè la presó per força ens situa en una estranya posició d'espectador dels esdeveniments, ens allunya de la realitat immediata i ens en distorsiona les percepcions; i segon, perquè la nostra força ha de ser d'equip. I els equips han d'haver trenat, en la pràctica, el corrent de fons que en determina després les accions concretes. Jo he dedicat molts esforços a ser coherent amb les meves paraules i previsible en els fets, i penso que qualsevol decisió que prengui l'equip també es regirà per aquestes premisses: coherència i, dins d'aquesta, previsibilitat. La confiança és un dels principis clau de l'activisme, i potser és també una de les diferències que hi ha amb les dinàmiques dels partits polítics.

Acceptar aquest no operar en l'àmbit immediat comporta també aprendre a relativitzar les conseqüències d'alguna decisió que d'entrada semblava encertada i que després no dona els resultats esperats. Que sí, que cou, però que no s'acaba el món. I assumir-ho és alleugeridor. Em descarrega de voler fer una tasca que no puc fer. Cal aprendre a fer, fer, fer-fer i deixar de fer. Així, cíclicament. Aprendre a no preocupar-se gaire per allò que hom no pot canviar. O sense aquesta generalització: aprendre a no preocupar-me gaire per allò que no puc canviar. Al capdavall, fer, intentar solucionar, ocupar-te a consciència en les coses que sí que pots canviar, a més de ser un plantejament pràctic, t'obliga a ser més exigent, fins i tot ambiciós, a l'hora de canviar-ho. I tot, sempre i tant com es pugui, amb la reclamació que descrivia Joan Maragall:

«Estima el teu ofici,
la teva vocació,
la teva estrella,
allò pel que serveixes,
allò en què realment
ets un entre els homes,
esforça't en el teu quefer
com si de cada detall que penses,
de cada paraula que dius,
de cada peça que poses,
de cada cop de martell que dones,
en depengués la salvació de la humanitat.
Perquè en depèn, creu-me».

Escric (aquest repassar i reordenar i retallar i tornar-hi una altra vegada i refer-ho després) des del costat del radiador. Aquí a Lledoners engeguen la calefacció al novembre, i bé. Només que no sempre funciona, i que hi ha dies, com avui, que a tres pams del radiador ja hi torna el fred, i cal arrambar-s'hi bé. Però serveix per eixugar els mitjons, i només això ja és un gran avantatge en comparació amb Soto del Real. Allà, només passar el recompte del vespre, amb en Brian ja ens havíem de posar cadascun dins del seu llit per poder suportar la gelor. Quan van arreglar la gotera de la cel·la es va notar. Per a bé. I quan vaig aprendre a tapar les escletxes de la paret amb paper de vàter. Feia un efecte xemeneia i hi entrava tot el fred del món. Però si mulles el paper de vàter aconsegueixes una pasta que actua com la silicona. Diguem-ho així.

Aquest matí, esmorzant amb la resta de presos polítics, en un d'aquells moments bonics que hi ha de vegades, que l'un fa broma a l'altre i l'altre a l'un, comentàvem el fred que passem. En això no hi ha diferències ni de criteri ni d'estratègia ni de res: tots dormim vestits.

Jo, a més, amb barret. De llana negra gruixuda i fet de mitja per la meva amiga Montse de Fulleda, que hi entén molt, en això del fred. Una cosa que aprens a les cel·les quan són gèlides és que l'escalfor s'escapa pels extrems del cos, així que la consigna és clara: cap i peus sempre tapats. Vèncer el fred, ni que sigui mitigar-ne els efectes, és d'allò més estimulant. Em poso mitjons dobles i per damunt dels pantalons. El primer cop que ho vaig veure, al pati de Soto del Real, creia que era algú que estava tocat de l'ala, però ni de bon tros: en Venancio de Vallecas, tot un clàssic, sabia bé el que es feia, cap i peus protegits. En Jordi Turull m'explicava que la seva àvia també li ho deia. Per tant, au: la gorra de llana, bufanda al coll, bufanda sobre les cames, la famosa manta-bufanda per damunt de les espatlles. A la primavera també, quan la gelabror torna a burxar sense avisar.

Ara bé, cal dir que, com el març del 2018 a Soto del Real, res de res. D'humitat i de fred i de fred i de més fred. I de boira. Tanta boira, que tancaven l'accés al pati perquè les càmeres de vigilància no tenien visibilitat. La biblioteca era a l'altra punta del pati. Resultat? No hi havia biblioteca. I ens passàvem tot el sant dia tancats a la sala comunitària. Tancats i barrats i tothom allà dins i vinga fumar i pensava que aquella barreja xocant d'ambient carregat i de fred i d'humitat em seria impossible de resistir. Però al final va resultar que sí que vaig poder. I algunes situacions més complicades, també.

Tinc una manteta que em va entrar la Txell, ja fa temps, res, una cosa ínfima, una mena de bufanda. Blava amb les vetes vermelles. Quan la vaig veure per primera vegada vaig pensar que quina ocurrència, que què vol que en faci, d'això, que ni és una manta ni és una bufanda i que tampoc no sembla que hagi d'abrigar gaire... Doncs sort n'he tingut! L'he portada amunt i avall a cada trasllat, i cada hivern m'ha salvat la vida. Quan faig ioga, quan llegeixo, quan escric, sempre. Si em preguntessin quin objecte no voldria perdre per res del món, la resposta seria immediata: aquesta manteta.

Aquí, protegir-se del fred és també un joc d'estratègia. Anar buscant la manera segons cada circumstància. Moure la manta-bufanda o jugar amb els corrents d'aire. Saber, per exemple, que hi ha un moment del dia, cap a la tarda, en què l'aire que entra és una miqueta menys fred: és aleshores que cal obrir una estona la finestra si has posat roba a eixugar.

Coses així.

Bicicleta estàtica. Respondre cartes a la biblioteca. Escriure el diari a la cel·la. Insistir en el flexo fins que passats els mesos et diguin que sí. Llegir mentre hi havia llum del dia. Fer voltes al pati. Visites dels advocats d'Òmnium. Cinc minuts per telefonar a casa. Ceràmica. Les rutines són importants. Per elles mateixes, caminar, fer exercici, meditar, i pel que signifiquen d'esforç conscient. Perquè el repte, a la presó, és, sobretot, l'estabilitat emocional. Aprofitar el dia a dia hi ajuda. El *kairós*, és a dir, l'oportunitat que significa la presó. Més enllà de la duresa de la falta de llibertat física, sobre la qual no pots actuar, comprendre que la vida és teva, i el temps també, i que bé els has d'aprofitar. Al capdavall, en aquests termes el temps és un concepte abstracte; les coses amb què l'omples, no.

La tasca més difícil és la de mirar d'aplanar la muntanya russa per on corren els sentiments. Treure-li arestes. Els primers mesos, sobretot. Quan encara semblava que l'Estat no es podria permetre coses com ara que hi hagués eleccions amb els presos a dins. Això pensàvem o volíem creure. Quan comptàvem el temps per dies: deu dies, cinquanta dies, cent. Quan jo escrivia «veurem fins on està disposat a arribar l'Estat» i l'endemà es demostrava que se saltava una altra barrera sense, aparentment, acabar-se de despentinar.

Recordo especialment els dies previs a les eleccions obligades del 21 de desembre del 2017. Vam anar a declarar al Suprem espanyol. Hi havia expectatives. En van deixar anar uns quants. I ho vam celebrar. L'Oriol Junqueras, en Joaquim Forn, en Jordi Sànchez i jo. Cadascú des de la seva cel·la.

És difícil d'acostumar-se als canvis d'estat anímic. O domesticar-los. O no deixar que cap se t'emporti quan un d'ells pretén de dominar el conjunt. I saber i entendre que això passa sovint, que notes bones sensacions, que estàs bé, tranquil, relaxat, i tot d'una t'envaeix una tristor pesada perquè no saps quan sortiràs d'aquí dins.

Els dies que sento aquesta espècie de vertigen, aquesta mica de buit a l'estómac de constatar que realment soc aquí tancat, m'aturo un moment i conscientment a recordar la raó per la qual ens tenen presoners. I és la causa de la llibertat i de la independència per Catalunya. I sí, cal dir-nos-ho, de la democràcia, de la pau entre els éssers humans.

Cal mantenir l'esperança. Perquè, de motius, no ens en falten. I perquè l'alternativa seria terrible.

Escriure ajuda a conservar les coses a lloc. Els ànims. El pensament.

I la meditació, també. De fet, soc ben conscient que gràcies a la meditació he pogut actuar de manera coherent amb les meves conviccions polítiques davant de les més diverses situacions i, a més, fer-ho amb una tranquil·litat d'esperit que em reconforta. La meditació és com si una pinta suau m'anés desfent els nusos del cervell per deixar-lo ben llis i sense preocupacions, només ocupacions i situacions que s'han d'anar afrontant. S'obre la porta de la cel·la.

Cada vegada que algun representant institucional català venia de visita a Soto, els funcionaris guarnien l'espai. Que és una manera de dir. En una de les sales de vis-a-vis, sense encís com totes les sales de vis-a-vis, hi entaforaven una bandera espanyola i un quadre de l'hereu Borbó.

Cada vegada el mateix ritual. No fallava mai.

De veritat que no sabria dir si havien portat l'attrezzo expressament per a nosaltres o si el tenien al magatzem per a les «grans ocasions», si creien que així ens burxaven o si era un simple acte de reconeixement protocol·lari, que allà aquestes coses de vegades les tenen. En tot cas, segur que eren ordres dels de dalt (quin concepte, «els de dalt»), perquè per a la immensa majoria de funcionaris de presó trencar qualsevol rutina és un suplici.

El dia que vaig arribar al mòdul de Soto del Real, mig per allò de l'ambient mediàtic que també traspua dins dels murs, mig com un avís o una amenaça o un rampell de testosterona, un home va cridar «*¡Viva España!*».

Em va sobtar.

Després em van explicar que els altres presos, la majoria marroquins, el van fer callar dient-li que aquella seva Espanya l'havia deixat anys podrint-se en un presidi del Perú.

«Per fi, flexo a la cel·la. Després de cinc mesos, missió assolida. Seguim.»

DIETARI, 20/2/18

I vaig saber també que l'home es deia Manuel.

Són importants, els noms. Per no confondre les persones amb l'ambient. Per individualitzar-nos i apamar-nos i aproximar-nos, quan és possible. A tot arreu, però a la presó potser encara més, cal tenir els ulls ben oberts, però el cor també.

El primer dia, em semblava que tothom em mirava. I que em mirava malament. I que m'hauria de barallar amb mig mòdul mentre l'altre mig aplaudia. I que no podria anar al lavabo. Etcètera. La mena de bajanades que sabem de les presons pel que en mostren les pel·lícules.

Amb tot, els lavabos del mòdul de Soto del Real els vaig evitar tant com vaig poder. Era preferible aguantar-se fins a arribar a la cel·la. Aguantar-se sempre que fos possible. Aprendre a aguantar-se. Però no per res: perquè aquell coi de lavabos, sincerament, no estaven mai nets.

Quinze dies després d'aquella entrada al mòdul quatre, i del seu crit, l'ajudava a omplir les instàncies, jo, a en Manuel.

Que és una cosa que s'ha de saber fer.

I amb bona lletra.

I aleshores, sis mesos i quinze dies després d'haver entrat a la presó de Soto del Real, em van canviar de mòdul. Perquè sí. Igual que havien decidit de posar-me al quatre, més conflictiu, em van dir que, si ho volia, i «per ordres de dalt de tot», ara podia anar al deu, que és «de respecte». Quina terminologia.

Aquest és el joc, l'estira-i-arronsa gens subtil de premis i de

«L'estiu sembla que vindrà sense avisar, els grills canten. Són dos quarts d'onze, anem en màniga curta i ja hem vist els primers escarabats... Això promet.»

DIETARI, 17/4/18

càstigs, d'un cert dret a progressar dins la privació de llibertat. Seguint una lògica no sempre clara, mantenint en l'ambient aquell punt de desconcert que vol fer que tinguis la sensació de ser a la seva mercè.

Me n'hi vaig anar, és clar. Perquè tot era presó, però el mòdul deu estava una mica més ben condicionat; els presos eren més grans; l'entorn, menys esgotador. Hi havia cinc catalans (entre ells, en Sandro Rosell, expresident del Barça: després va sortir en llibertat provisional i, quan finalment van fer el judici, el van absoldre. S'havia passat dos anys en presó preventiva. Tanco parèntesi) i en Joan, un andorrà que no sé si es pot ser més bona persona: em va rebre preparant-me un sopar. Cal saber fer coses especials amb els ingredients que tens a l'abast: igual que hi havia hagut aquell cebiche al mòdul quatre, ara m'esperava a la cel·la un plat de salmó, oli i pebre. I una cervesa! Sense alcohol. Amb somriures.

I estava sol a la cel·la.

El canvi es va notar.

De seguida hi van portar en Jordi Sànchez, a més. Per fi. Després, també en Brian, abans d'enviar-lo al Brasil. Com si tothom anés progressant, diguem-ne. Amb aquella lògica que aparenten i que no és.

Al mòdul deu hi havia més relació, més convivència, si se'n pot dir així, però no tanta fraternitat. La fraternitat de debò està reservada per als qui tenen menys o els més desvalguts. Dels que no tenien ningú que els esperés a fora, n'hi havia ben pocs, al mòdul deu. Perquè dins de les presons, als mòduls, també hi ha barreres socials i, molt sovint, són gairebé impossible de superar.

Quan feia pocs dies que érem allà, hi va haver el gran xeflis búlgar: per celebrar Sant Jordi, que allà és el 6 de maig, perquè dels vuit búlgars que hi havia al mòdul, dos es deien Georgi, i perquè tant sí com no ho van voler celebrar amb un gran tiberi a les onze del matí. Era important que hi participés molta gent, que en fóssim com més millor: es veu que així el dia de demà tindran l'accés al cel una mica més garantit.

La presó: una disciplina que vol esdevenir una mecànica. Aquí, això. Ara, això altre. Voler imposar-te completament quin espai et toca i què n'has de fer, del teu temps. Com si fossin seus. Per estovar-te. Per fer-te sentir qui dicta la llei de la teva vida, començant per les coses més elementals: l'espai, el temps. Amb la convicció que si determinen la teva vida externa, en determinaran també la interna. Per això la capacitat de resistència comença dins d'un mateix: mantenir el control de la teva vida interior és objectiu prioritari.

Al mòdul quatre em vaig apuntar a un taller d'art. Pintar, dibuixar, comentar amb els altres això que has fet, sentir també què en diuen. Parlàvem de la por, de les coses que no ens agraden. Vaig recordar el primer dia de tots, al mòdul d'ingressos, el soroll de les portes automàtiques, els cancells, els barrots, untar els dits en tinta negra per deixar les empremtes en un paper. Una, dues, tres, quatre, totes. Per això aquell dia, en aquell taller de la presó de Soto del Real, em vaig pintar els dits de coloraines i vaig marcar les empremtes en un arc de Sant Martí tot barrejat. Perquè no hi hagués por, sinó orgull. Colors.

Un home calb, amb la samarreta de la flama del Canigó i onejant una estelada: aquest va ser el primer senyal que vam veure de la nostra tornada a Catalunya. Me'n recordo com si fos ara. Ens vam emocionar fort. Sense pensar-nos-hi ni dos segons, en Jordi Sànchez i jo ens vam posar a picar les parets de l'autocar blindat de la Guàrdia Civil. Compartíem gàbia d'acer dins de l'autobús del trasllat de Madrid, i el vam poder veure per entre els forats de la reixa de la finestreta minúscula del cubicle. Era el 4 de juliol del 2018.

Vam arribar a la presó de Lledoners a les 13.45 h. Havíem sortit de Soto del Real dos dies abans.

Hi ha coses que no les entendré mai. Per exemple que, després de tant de temps, mesos, hagin d'esperar-se a poder interrompre un vis-a-vis amb el meu fill per dir que he de sortir a recollir de seguida les meves coses, que en dues hores comença el trasllat cap a no et direm on.

La *cunda*, que és el nom en argot del trasllat de presó, va ser un llarg periple d'escales i d'emocions. En sortir, vam trobar que a la furgoneta ens hi esperaven l'Oriol Junqueras i en Raül Romeva. I ens vam abraçar com vam poder, allà dins. Jo estava eufòric, creia que trigaríem anys a retrobar-nos! De fet, durant mesos, a Soto, m'havia estat preparant emocionalment per a un

«Plou al pla del Bages. L'espígol de sota
la finestra s'ensenyoreix del món
i ho impregna tot.»

DIETARI, 9/7/18

llarg període d'aïllament. Feia tantíssim temps! Quina alegria forta i estranya.

Vam passar la nit a Valdemoro. Primera escala. L'endemà, canvi de vehicle: un autocar amb compartiments d'un metre quadrat per a dues persones, una finestreta a dalt de tot. En Sànchez i jo, l'Oriol i en Raül. Vaig fer una meditació de dues hores. A les quatre arribàvem a la presó de Zuera, a Saragossa: dinar (unes llenties amb arròs que vaig anotar al dietari com si fossin excel·lents, i que potser ho eren), per segon cop compartir cel·la amb en Sànchez i un plaer de poder-hi conversar. Des de la finestra, vam parlar tots quatre. I vam riure, també. Junts. Riure, sí.

A les vuit del matí ja estàvem llevats, un esmorzar molt al límit i cap a Ponent. Que és una presó però que ja és Lleida. I l'home de l'estelada, dins de la cabina dels funcionaris, plantat davant de tota la corrua de guàrdia civils, amb aquella determinació (va resultar que era un bon amic del meu monitor de ceràmica, en Kader: ara ja som tots plegats com de família). I les sensacions estranyes i barrejades. En un parell d'hores ja vam ser a Brians, penúltima etapa. En baixar de l'autocar dels compartiments tancats, se'ns van acostar uns mossos:

—Senyor Cuixart, senyor Sànchez, benvinguts a Catalunya.

Se'm va fer un nus a la gola i no vaig poder evitar mirar de reüll els guàrdia civils que ens havien portat fins allà. O potser ho vaig fer menys de reüll del que em penso, com per dir-los que què.

Vam pujar a la seva furgoneta, tractats amb respecte, i ens van dur a Lledoners, finalment. Enrere quedaven aquells nou mesos de viure tothora envoltats d'hostilitat. Amb més intensitat o menys intensitat o latent, però sempre hostilitat.

Des de les finestres, contemplàvem el paisatge en silenci: Montserrat, Sant Llorenç, la Seat. I, miressis on miressis, els llaços grocs. Aquest potent, tan senzill, símbol de llibertat. Pels presos, pel retorn dels exiliats, per la fi de la repressió, per la independència.

La ceràmica. Que poca cosa que sembla i quanta tranquil·litat que m'ha regalat. Quantíssima.

M'hi vaig apuntar tot just arribat a Lledoners. Hi ha un forn, i esmalts, i el fang. Per fer alguna cosa diferent. Per aprendre. Tenir confiança en allò que veus, copsar què està centrat i què no, precisió ocular, que també significa confiança en la visió, en un mateix. Un bol per a la Txell el dia del seu aniversari. Per als cereals. Per al que ella vulgui. Modelat amb les meves mans encara tan maldestres. Per tal de protegir la taula mentre el pintava, sota el bol hi havia un paper de diari. S'hi podia llegir la notícia que deia que «*Iglesias visita a Cuixart en Soto del Real*». Ho vaig trobar una metàfora: la part més pública en un paper rebregat, i el «Cuixart» ben feliç pintant amb esmalt.

Poc després vaig dur al taller un llibre de ceràmica que m'havien regalat. Perquè així, allà, faria servei a més gent. I perquè hi havia una dedicatòria que podia igualment ser útil a tothom. A tot arreu, però a la presó, segurament, més: «La felicitat només depèn del domini d'un mateix».

La cara de preocupació d'en Kader, el monitor de ceràmica, el dia que havia d'explicar que seria fora, a Algèria, una setmana sencera, em va fer adonar de la importància d'aquell petit taller. Més enllà de mi mateix, vull dir. Perquè jo li vaig respondre que no n'hi havia per a tant, que aprendríem a suportar-ho o alguna cosa per l'estil. Però aleshores em va mirar i em va dir que jo tinc moltes coses per fer, però que, als altres, allò els abocava al pati. A la buidor del temps que passa sense propòsit. A donar voltes i més voltes als pensaments foscos. Inanitat i problemes. Vaig pensar en els meus companys de talleret, en Cabrejos, en Tovar, en José Luis, en Punky, l'Abdel, en Montana, en Lerebevere, el *chacho* Juan i, sobretot, el vell Montroig, que només sortia d'infermeria per anar a ceràmica, i vaig comprendre fins a quin punt en Kader tenia raó. Vam fer un cafè i vaig intentar treure-hi ferro, que en el fons a la vida no hi ha res de tan greu fins que no arriben les coses veritablement greus, però tots dos sabíem que ell tenia raó.

De vegades, podia fer ceràmica durant dos torns. El silenci de l'aula d'entre torns em permetia apreciar els detalls de tot el procés: l'olor de l'argila, el polsim que es genera amb l'esmalt quan hi poses l'aigua, el so suau del frec del pinzell amb la tassa, el girar de la torreta, i una altra vegada l'olor d'argila que roda amb el torn i t'esquitxa la cara. Poder pintar amb el sol que m'acaronava i donava vida a les peces amb les seves ombres: entrava per la finestra com si ho fes a posta.

La felicitat és també això, una tarda al taller, fent peces amb el cap serè, connexió amb el moment present, l'ara i aquí i el plaer de saber que la tassa quedarà com a petit acte d'amor. Ella i les imperfeccions que la fan única al món.

És un text del ceramista Martí Royo. Me'l va enviar en una carta la Matilde Grau, que és professora a l'Escola Massana, que ens va venir a fer unes classes magistrals, que ens regala un munt d'esmalts realment espectaculars i que, a sobre, transcriu això: «Ja fa anys que vaig emprendre aquest camí, i encara ara, tot pastant fang, em pregunto sovint com és que em trobo fent ceràmica en plena era de l'espai, de la tecnologia, de la velocitat i de la pressa. Continuo adobant el fang, aquest fang que no té cap pressa, aquest fang que ha restat immòbil milions d'anys, al qual no li ve d'un quart ni de mitja hora, que espera, mut i impassible, el seu esdevenir, aquest fang que tan sols demana un tracte just, tendre i dur alhora, estimació i constància. (Crec que no és massa.) El treballo i ell es deixa, a les meves mans, i em pregunto i li pregunto per què ho faig, com és que ens trobem. I em sembla que no ho sé».

És impossible afegir-hi res més. La generositat de la Matilde és extrema, ella m'ha ensenyat que l'artesà s'esforça dia rere dia perquè els seus alumnes millorin, i ho fa sense mandra, amb dedicació plena, amb tanta delicadesa com compromís.

La ceràmica, a sobre, va ser el pont, el pretext perfecte per conèixer l'Ai Weiwei. La Txell l'havia anat a veure a Bèlgica —on van coincidir amb el president Puigdemont— i l'artista de seguida li va demanar de venir a Lledoners. Un dels artistes d'art contemporani més importants del món. Aquí. Per sumar-se a la denúncia, per solidaritat.

I va arribar el dia. I m'esperaven al locutori: a dins del cubicle de vidre i de barrots hi eren ell, la seva companya, el seu fill, la Txell i l'Amat. Quaranta minuts intensos. La seva introversió. L'intèrfon que se sent fatal. L'expressió pausada d'en Weiwei. Noto un nivell d'empatia molt alt. Parlem de com encarar el judici, cantem la cançó de l'elefant per a l'Amat. El petit Ai em mostra una llavor del Brasil pintada de negre i vermell. És un regal. Me l'haurà d'entrar el seu pare l'endemà. La seva mare s'emociona i arrenca a plorar en recordar les visites que feien amb el seu fill quan l'Ai Weiwei era a la presó. De cop i volta, en Weiwei refrega la cara pel vidre del locutori. Quedo astorat. Un segon després i de manera impulsiva, jo faig el mateix des de l'altra banda. L'empremta dels nostres rostres és visible a contrallum. Allò ja era una acció artística, tan efímera com impossible d'oblidar mai més.

Tampoc allò del peu.

Perquè, l'endemà al matí, l'artista i activista xinès va tornar a Lledoners a fer-hi un parell de xerrades. Sobre la creació. Sobre l'art com a expressió del seu temps, també, i com a canal de denúncia perdurable. I ens va parlar de la bandera que havia dissenyat per commemorar el setantè aniversari de la Declaració Universal dels Drets Humans: la petjada d'un peu humà en un fons blau cel. L'empremta que ens recorda qui som i que ens vol alçats també en les pitjors circumstàncies, sobretot en les pitjors circumstàncies. La va fer a partir de cent petjades de cent persones de llocs i d'edats diferents, i en aquesta marca de peu nu hi mostra la memòria dels perseguits.

De totes aquestes coses parlava i evocava Ai Weiwei davant

dels presos de Lledoners. Ai Weiwei. L'artista que havia enlluernat el món amb una instal·lació a la Tate Modern, quan la va omplir amb cent milions de pipes de gira-sol de porcellana pintades a mà per treballadors artesans d'un poble de la Xina. Capaç de trencar un gerro de la dinastia Han, de més de dos mil anys d'antiguitat, per denunciar la falta de llibertat. Ai Weiwei, l'activista defensor dels drets humans empresonat el 2011 per les autoritats xineses. A Lledoners. Amb nosaltres.

I, abans d'anar-se'n, va fer allò: en un dau de fang tendre, el meu peu descalç.

D'aquesta manera va voler en Weiwei que els catalans passéssim a formar part de la campanya que encapçala: «Els drets humans no són una propietat donada, tan sols els podem tenir si lluitem per ells».

De vegades, de cop, patapam, les emocions es disparen. Que cada dia és un exercici d'autocontrol, i que això és positiu per a les coses menudes i per a les grosses i per a la vida en general. Però que de vegades també et pots trobar això altre, que parlant del 27 d'octubre, de la proclamació de la República viscuda des de la presó de Castella, els records tornin de sobte, i el sotrac sigui fort, i hagis d'aturar una entrevista uns segons perquè se t'ha trencat la veu, i tu mateix quedis sorprès de la intensitat dels teus sentiments.

Perquè això, abans, no t'havia passat mai.

Qui digui que, al capdavall, «només és política» demostra que no ha entès res. Ni què és la política, ni res.

«Són dos quarts de nou. Des de la cel·la se senten "LLI-BER-TAT! LLI-BER-TAT!", els crits dels manifestants, que ens fan companyia. Era un dia que havia començat un pèl trist. Ara ja no. Gràcies a tothom!»

DIETARI, 22/7/18

Has d'anar aprenent a fer-te teu l'espai que tens. Que saps que és una cel·la i que mai no ho deixes de saber, però que tampoc no cal pensar-hi cada dia tothora. El llit de ferro pintat a joc amb el merda d'oca general, les lleixes de guix, el vàter metàl·lic, etcètera. Però al suro de seguida hi ha colors i els gestos de la gent que t'estimes; als prestatges, llibres; fulls a la taula, el pot dels bolígrafs, feina per fer. I a Lledoners, des que en Josep Rull em va regalar, mig d'amagat, una bombeta de llum càlida, tot va prendre un aire més confortable. O no tan inhòspit.

La segona vegada que vaig ser a Soto del Real, aquesta sensació me la va oferir, ves quines coses, un despertador. Un Casio d'aquells senzills-de-tota-la-vida. El vaig entrar d'estranquis. M'agradava tenir-lo damunt de la tauleta, anar observant el pas de les hores. Minúscul, tot just tres centímetres per tres centímetres, l'observava i el trobava preciós. A més, m'oferia la tranquil·litat de saber que, si en Josep no picava a la paret, ho podria fer jo, i cap dels dos no ens adormiríem per anar al Tribunal Suprem.

En el silenci de la cel·la els sorolls fan de rellotge. Els passos dels funcionaris són diferents que els dels presos i sempre porten els walkie-talkies que els delaten quan menys s'ho esperen, com si fossin vaques pasturant amb les esquelles.

Quan en Jesús m'explicava que, al Perú, es passava setmanes i setmanes en cel·les d'aïllament, em semblava una atrocitat. Ell, però, ho vivia com a moments de calma, «fins i tot de pau», em deia. Jo me'l mirava i se'm feia estrany. Mai no m'hauria imaginat que el podria arribar a entendre tant.

Salvant les enormes distàncies, quan ens van tancar (*retancar*, podríem dir-ne) arran del confinament per la Covid-19 i em passava vint-i-dues hores a la cel·la, de seguida em va tornar al cap el relat d'en Jesús. I era un estar en pau amb tu mateix, tenir la ment serena, tranquil·la i en silenci, tal com explicava en Joan Mascaró.

Aquí, però, hi havia l'afegitó de la inseguretat general, la tristesa per les notícies que s'omplien de morts i més morts i els hospitals al límit i la família tan lluny i els amics i tothom. I la impotència de no saber-ne res. De no poder-hi ser. No m'hi vull estendre. El pitjor de tot va ser la distància: que davant del virus res no hi hauria pogut fer, és clar, més enllà de la prevenció que tothom va practicar tan bé com va poder, aquells primers mesos d'esglai i d'incerteses, però que la necessitat de ser-hi i de protegir-los (als meus fills, als pares, a la Txell, a les germanes, al tothom que m'abastava l'ampli paraigua que aixopluga la gent de casa) era més forta que qualsevol raonament objectiu. Forta i dolorosa.

I, amb tot, sabent que la inhumanitat extrema de la presó peruana era difícil d'imaginar, i que aquí la maleïda Covid-19 esdevenia un factor de gravetat general, se'm va fer de cop present l'experiència d'en Jesús. Si me l'hagués explicada ara, pensava, no me l'hauria mirat d'aquella manera estranya.

Ens obrien la porta de la cel·la tot just per donar-nos el menjar. Sortíem al pati poc menys d'una hora al dia. Però jo no tenia sensació d'angoixa. Per aquesta banda, no. Mirar la finestra,

«Jornada sense activitats. Són quaranta anys de Constitució espanyola i veure'ls a tots al Congrés retent honors als dos reis fa feredat. Passo el dia a la cel·la i aprofito per llegir Anise Koltz, poesia descarnadora. L'Anna Montero en fa unes traduccions precioses.»

DIETARI, 6/12/18

veure sortir el sol en un cel clar. Posar-se la gorra. Sentir el fred com s'escapa per les extremitats del cos, pel cap i pels peus. Dir «bon dia, Amat, bon dia, Camí, bon dia, Txell», i sempre un record per a l'Uri i en Pol, aquell record. Dir-ho en veu alta és balsàmic perquè trenca el silenci de la cel·la i l'omple del so de la humanitat.

De vegades em parlo en veu alta. Jo a mi mateix. Diria que ja ho feia abans d'entrar a la presó, però ara ho faig de manera més conscient. Sobretot d'ençà que vaig sentir en Luis Rojas-Marcos que ho recomanava entusiasmat. Ben mirat, sigui en les circumstàncies que sigui, la conversa més llarga que tenim durant tota la vida és amb nosaltres mateixos. Estima't i podràs estimar, tingues compassió de tu mateix i en podràs tenir pels altres, si ets exigent amb tu ho podràs ser amb els altres. I, sobretot, no tractis a ningú com no t'agrada tractar-te a tu mateix. Tracta't amb respecte i amb tendresa. Així és com intento parlar-me sempre.

En els moments en què la pandèmia baixava d'intensitat, alguns costums van romandre igualment a lloc. No obrir la porta de la cel·la per al recompte de dos quarts de vuit del matí, per exemple. Aixecaven l'espiell de la porta i prou. Se suposa que, en sentir l'anunci del recompte (ding-dong-altaveu: coses que se't fiquen a dins sense que te n'adonis), ens hem de col·locar al fons de la cel·la i de peu dret. Jo ho vaig deixar de fer i els esperava assegut a la cadira. Algun dia, el funcionari de torn picava a la porta amb les claus, tot metàl·lic, com per mostrar disconformitat. Però és que trobo una collonada haver d'estar palplantat a la finestra si la porta continua tancada. Si l'obrissin, també. Però en fi.

Diuen que quan et fas gran moderes les postures. No ho tinc gens clar. Gens ni mica. Jo, si de cas, potser soc menys vehement en les formes, però els postulats polítics no s'han moderat pas. Ans al contrari: han agafat més força. Potser és que l'edat ens fa més enraonats: tenim més arguments, més raons.

Penso en la Muriel Casals gairebé cada dia. La mirada, els silencis, els interrogants, també. Les contradiccions. Cada dia. Al cap de poc menys d'una setmana de conèixer-nos ja em va enviar un missatge que deia: «Ara ja ens podem dir que ens estimem, no?» L'enyoro.

Al costat de la mort, tot es fa petit, minúscul.

En Jordi Turull ha enterrat el seu pare, en Mingo. Ell ja torna a ser al mòdul. Tant de bo pugui fer un vis-a-vis aviat, el necessitarà imperiosament, rabiosament. Com deia en Vicent Partal, «maleïts siguin tots els carcellers».

El president Puigdemont també va perdre el pare; en Toni Comín, en Pere, i, poc abans de sortir, en Quim Forn, la mare. Maleïts siguin tots els repressors.

Sé que és un tòpic afirmar que a la presó tens temps per pensar. Però els tòpics solen tenir una base de realitat. Amb tantes, tantíssimes coses com et nega l'empresonament, i resulta que t'ofereix aquesta: temps. O, més que no pas oferir-te'l, n'has de saber treure. Temps per reflexionar i temps per llegir, que fa reflexionar,

«Avui aixecaran el confinament a en Josep Rull. Fa deu dies que està aïllat completament per contacte amb un positiu i només surt trenta minuts cada dia. Ni advocats, ni visites: res. Cada cop que pujo o baixo hi parlo per l'espiell, faig dos tocs a la porta de la cel·la i ell respon amb dos tocs més quan està visible. El trobem a faltar.»

DIETARI, 18/1/21

que fa llegir i així avança i s'eixampla l'espiral. Sense aquest temps, segurament jo no hauria conegut tantes coses de Thoreau, ni de Gramsci, Luther King, Václav Havel, Szymborska. O Romain Rolland. O Hannah Arendt. O bé les cartes de Màrius Torres i Joan Sales, del mateix Sales amb Mercè Rodoreda o les del doctor Trueta i Pau Casals. O Joan Mascaró. I els textos combatius de Maria Aurèlia Capmany, Montserrat Roig i Maria-Mercè Marçal. Ni hauria llegit tant sobre Gandhi, Mandela, Rosa Luxemburg, Liebknecht, Dimitrov, Pankhurst, Von Humboldt. O la poesia coreana. Ni Zinn, ni Sòfocles (i, per tant, *Antígona*!), ni Tolle, ni la ceràmica, ni John Brown, ni Rob Riemen, ni Gross i Foucault o el piano, o Brecht, ni Hesse, el *De profundis* de Wilde, ni Goethe i el romanticisme alemany, ni tampoc Bhagavad Gita... Tantíssimes i tantíssimes hores de lectura. Visca la *Revista de Catalunya*, l'*Avenç*, el *Serra d'Or* i el *Sàpiens*! Que gran el món, que trist morir-se sense saber que tot això existeix, quina sort haver-ho conegut.

Posant-nos a la presó, l'Estat espanyol ha travessat una línia vermella. Però nosaltres també. Ara sabem que, per fer el que fem com a activistes, poden posar-nos a la presó. I sabem, també, que la presó per a nosaltres, els activistes socials, no pot ser mai un límit. Aquesta línia vermella l'hem travessat, curiosament, junts amb l'Estat. Que no ens amenacin més amb la presó, que ja sabem el que és. I, també a ella, li hem perdut la por i l'aprofitarem per formar-nos i adquirir encara més coneixements, per sortir-ne encara més forts, ser més útils i poder-ho compartir, per ser més sensibles i més determinats. Per això que es vegin obligats a tancar-nos és la seva debilitat principal.

La sala

Pocs dies després d'entrar a la presó de Soto del Real, quan tot just començava a fer els primers passos indecisos dins el recinte penitenciari, va venir l'advocada d'Òmnium, Marina Roig. Aquella visita, més que no pas per la cosa concreta, que si el recurs de tal, que si la possibilitat, que aviat qui sap, va servir, sobretot, d'oasi. Una estona per parlar de casa, tranquil·lament. Per assimilar la informació que em duia, per intentar recordar-la després —quantes coses que passen en tan poc temps!— i, sobretot, per tornar a sentir els noms coneguts. Per llegir la postal tan bonica dels treballadors d'Aranow (que és la meva empresa com jo soc d'ella), els escrits dels companys d'Òmnium. Per veure el camarada Jordi Sànchez, per fi.

Ens havien separat de mòdul, i em va alegrar moltíssim constatar que feia bona cara.

En Jordi i jo som diferents, i si ens haguéssim posat a discutir en aquell moment possiblement tampoc no hauríem estat d'acord en tot. Però, al capdavall, ja ens havíem acostumat a fer un tou de coses junts sense que ens calgués un cent per cent de coincidència. Aquesta és la gràcia de l'objectiu comú.

Al calabós de l'Audiència Nacional espanyola també discutíem, la tarda en què havíem de decidir com actuar si ens

«No vull mantenir cap sort d'actitud heroica, però sí que em sento molt viu i ple de força per encarar els dies que vindran. Les sentències seran dures i Europa —la justícia— serà el darrer baluard.»

DIETARI, 15/4/18

demanaven fiança. Que sí i que no i que com. No sé si hauríem arribat a cap entesa, però no va caldre perquè l'Estat ens ho va resoldre: res de fiança i tots dos a la garjola.

Fi del debat.

Ara, quan hi penso, em sembla que el meu combat contra l'expectativa va començar allà, en aquell soterrani rònec. Que no és senzill aprendre a contenir el pensament quan se t'omple de possibilitats, però que no hi guanyes res, esperant que les expectatives es compleixin, esperant sense cap fonament i contra tot fonament, esperant que retirin les mesures cautelars, la presó preventiva que s'allarga com un xiclet prim i ressec, esperant que els fets transcorrin pels camins de la raó i la proporcionalitat, com si la raó i la proporcionalitat tinguessin res a veure amb la decisió política de tancar-nos a la presó.

La raó, sí, ben mirat. La raó i l'interès d'Estat. Del seu Estat.

Per a desesperació de la Marina, les dues vegades que vaig anar a l'Audiència Nacional espanyola em vaig negar a declarar. Confesso que encara no sabia com entomar aquella nova situació, el front judicial que ens desplegaven al davant amb tanta premeditació, però ja intuïa que tot allò no anava de justícia, i no declarar em semblava la millor opció, la més coherent.

En canvi, no em sento orgullós de la meva actitud davant del jutge instructor. No me'n sento orgullós però tampoc no ho vull obviar, ja que dels errors també se n'aprèn.

«En Moha m'ha explicat que el president i quatre o cinc consellers més són a Brussel·les, sembla que hi ha una opció, per remota que sigui, que els donin asil polític. Independentment de les possibilitats reals, és obvi que tot això internacionalitza el conflicte. Al final, tot anirà bé.»

DIETARI, 30/10/17

Amb l'advocada seguíem, des de bell començament, l'estratègia de la defensa jurídica amb el clar discurs que érem innocents. I presos polítics. Junt. Sempre. Però acceptant el joc de les proves i l'argumentari jurídic i les eines que se suposa que es posen a sobre de la taula en procediments ordinaris.

I vam recórrer la situació de presó provisional. Vam seguir les caselles que objectivament haurien d'haver comportat la nostra llibertat immediata.

Cosa que, òbviament, no va passar.

L'11 de gener del 2018 vam declarar al Tribunal Suprem espanyol, davant del jutge i a petició pròpia, en Jordi Sànchez, en Quim Forn, l'Oriol Junqueras i jo mateix. Els vam servir els titulars en safata: «*Reniegan de la vía unilateral*».

Ho passo tan malament quan recordo les meves intervencions, allà, aquell dia...! No m'hi reconec de cap manera.

Havíem pensat que, seguint el mateix principi que la presidenta Forcadell, verbalitzant la negativa a la unilateralitat, ens haurien de deixar en llibertat, que no podrien allargar la presó preventiva de persones innocents o que, finalment, en el cas de mantenir-nos tancats, haurien de posar ràpidament data de judici.

Hi vaig parlar durant una hora i mitja, atenent també les preguntes de les defenses i dels fiscals i negant-me a respondre cap qüestió que formulés el representant de Vox. Perquè hi havia, en aquella sala, un representant del partit d'extrema dreta espanyolista exercint d'acusació. Durant tot el procés judicial, hi van ser. Amb la carta de naturalització que el sistema espanyol atorgava així a una anomalia tan bèstia.

Quan recordo aquell dia, és pràcticament l'única cosa que trobo que vaig saber fer bé: posar en evidència que hi havia un partit d'extrema dreta fent d'acusació.

Però ja està. Perquè després vaig dir *allò*. Que l'única solució al conflicte era celebrar un referèndum pactat amb l'Estat.

—¿Y si el Estado no pacta?

—Pues no hay referéndum.

Això vaig dir.

Va ser un sotrac gros. Sentia que traïa els meus ideals. Però ho havíem convingut amb l'advocada i ho vaig dir.

És interessant de constatar que, malgrat l'interès que tenien els homes d'aquella sala a parlar de l'1 d'Octubre, formalment m'havien tancat a la presó pel 20S. No pel que havíem fet respecte al referèndum, donar-hi suport, contribuir a fer-lo possible des de la societat civil, sinó haver-nos manifestat. Per convocar a manifestar-se. I per això, per l'exercici de drets fonamentals, a la Unió Europea, en ple segle XXI, ens tenien a la presó.

I no: per més que ho repetissin, per més que ho repeteixin encara, agafar un megàfon, enfilar-se a un cotxe perquè la gent allà concentrada et senti millor, no és incitar al delicte ni a la sedició ni res de res.

Sedició, dos punts, alçament contra l'autoritat establerta. Això, segons el diccionari. Segons el Codi Penal espanyol, és alçar-se «públicament i tumultuàriament per impedir, per la força o fora de les vies legals, l'aplicació de les lleis, etcètera».

Tumultuàriament.

Tot un concepte.

En Jordi i jo dalt d'un cotxe.

De vegades hi penso, en el 20 de setembre del 2017. Quan he de respondre alguna entrevista, els mesos que va durar el judici, si surt en alguna conversa. I sí, vam pujar al sostre d'aquell cotxe. I és clar que ho tornaria a fer. Hi havia milers de persones davant de la Conselleria d'Economia en defensa de la democràcia i les institucions pròpies. Milers de persones exercint el dret de protesta i fent-ho amb una serenor realment encomiable. Hi ha aquell vídeo que va córrer per les xarxes i que desfà, tot solet, el muntatge de l'alçament tumultuari: i és la imatge, i el so, de la gent cantant, amb una espècie de sentit de l'humor, *El virolai*. A tota veu i somrients i corejant l'himne dedicat a la Mare de Déu de Montserrat, patrona de Catalunya: així encaraven els concentrats del 20S (segurament ben poc o ben gens de missa) aquella estranya provocació. Perquè les intencions de la Guàrdia Civil no eren gens clares. I per això, malgrat que la protesta era un dret, i que s'exercia amb tranquil·litat i fins i tot amb ironia, un cop duta a terme calia que la concentració es desconvoqués de la manera més calmada possible, i això vam fer.

De vegades hi penso, però no tant en la nostra actuació com en el dispositiu aquell per escorcollar la Conselleria. Era molt precari, per dir-ho d'alguna manera. I, si seguia cap protocol, devia de ser-ne un de ben estrany. No sé si és gaire fortuïta, per exemple, la decisió de deixar tres cotxes de la Guàrdia Civil just davant de la Conselleria, amb armes a dins (amb armes a dins!) i sense acordonar la zona (cosa que sí que van saber fer temps després, per cert, quan van entrar a la seu d'Òmnium: aleshores van tallar tot el sant carrer). I tampoc no sabria dir si és casualitat que això passés, a més, el dia que detenien disset alts càrrecs de la Generalitat, es duien a terme quaranta escorcolls a seus de la Generalitat i domicilis particulars, trenta batlles eren citats a declarar i la policia espanyola assetjava la seu d'un partit polític, la CUP, sense ordre judicial.

«En Jordi, a la presó, és més lliure que lliure.» Ho va dir la meva germana Esther en un programa de ràdio amb en Gaspar Hernàndez. I sé que pot sonar estrany, i xocant, que fins i tot pot incomodar, però segurament tenia raó.

La meva germana em coneix molt bé, i sap que jo tinc més sensació de ser lliure ara que no abans d'entrar a la presó. I això que dic té molt a veure amb la por. Por i llibertat són dos sentiments que s'interrelacionen de manera constant, ambdós depenen del domini d'un mateix, de saber-se escoltar, i no necessiten raons per existir. Quantes coses no hem deixat de fer per por, a la vida? La por és la forma més efectiva de bloqueig de la llibertat. Esforçar-se per ser lliure, treballar per la llibertat, és desprendre's de la por. Perquè la por tenalla, condiciona la voluntat. I limita la possibilitat d'actuar.

Walden o la vida als boscos, de Henry David Thoreau. És el primer llibre que em va passar la Txell a la presó. I no el coneixia.

«He estat repassant la declaració i encara tinc dubtes gegants sobre l'estratègia, que està sent jurídica en tot moment i no política (la de tots). Crec que era Rosa Parks: com més cedíem i obeíem, pitjor ens tractaven.»

DIETARI, 15/1/18

No el coneixia! Les persones som moltes coses, i també el que hem llegit. Llegir és una manera d'aprofitar el temps que la presó es pensa que ens pren i *Walden* és una meravella: «L'opinió pública és un tirà dèbil en comparació amb la nostra pròpia opinió privada. El que un home pensa de si mateix és el que determina, o més aviat indica, el seu destí».

La llibertat de moviment, la llibertat de pensament, la llibertat d'elecció... totes són complementàries de la que per a mi és la llibertat primera, la que només depèn d'un mateix: la llibertat interior. I a la presó he après que el més important és preservar la teva llibertat interior. Més important que qualsevol altra és aquesta. I, si la tens, per molt que facin, no te la poden prendre. No era Ovidi Montllor, que acabava aquella cançó dient «tot comença en un mateix»? Doncs això.

Lliures són els qui s'atreveixen a crear, a sortir del ramat, a no obeir directrius injustes, a pensar per ells mateixos i saber conviure amb el dubte. Això és ser lliure.

L'home a la recerca de sentit, de Viktor Frankl. Impressionant i inoblidable. Testimoni i reflexió sobre la vida (i la mort) en un camp de concentració de l'alemanya nazi. Una obra construïda a partir de l'observació del comportament humà. El pare de la logoteràpia va arribar a la conclusió que l'ésser humà és capaç de transcendir les dificultats amb dignitat, si troba un propòsit. Fins i tot en condicions extremes, pot decidir ser lliure i transformar el patiment imposat en una victòria seva.

Preservar la llibertat interior i combatre la por.

La por. Detectar-la. Acotar-la. Dimensionar-la. Mirar de controlar-la. Sobretot, que no et domini. Que no ens domini.

Soldat espantat no guanya guerres, diuen.

Hi ha aquella citació famosa de Sèneca referint-se a l'immadur Neró i que vaig repetir tantíssimes vegades, en xerrades i mítings i converses, el setembre del 2017: «El teu poder rau en la meva por; si jo ja no tinc por, tu ja no tens poder».

El virus de la por sempre fa servir el mateix camí per entrar, aquí: comença amb les ganes de tornar a la normalitat, a casa, i, de mica en mica, fa que vagis oblidant els motius pels quals t'han tancat a la presó. De manera inconscient, vas invertint les prioritats. Futuritzes i fas plans, teus i amb els teus, com faries si no fossis aquí, si els teus moviments no depenguessin de l'Estat que et manté empresonat.

I no és tan sols a tu, a qui la repressió pretén inocular el virus de la por, que se t'enganxi a les cèl·lules, que se't fongui amb l'ADN: la intenció és sempre que s'escampi a tot el teu entorn, als amics i a la família, i al conjunt del moviment social que representes. Aquesta és la clau, la font del seu poder, la via que li ha de permetre aconseguir la renúncia individual i col·lectiva als objectius polítics que, amb el teu empresonament, ha pretès de silenciar. D'eliminar.

Penso que a Catalunya hi han escampat una mena de por. No a tot arreu, és clar, però sí en alguns àmbits. I ara Neró es pensa que té el poder.

Cal saber-ho. Sense escarafalls. Prendre'n consciència per poder fer-hi front.

Poc després d'aquella declaració al Tribunal Suprem espanyol, va venir de visita l'advocat Benet Salellas. I va ser tot un descans i una alegria també. Feia dies que demanava de veure'l. Hi vaig poder compartir, sense embuts, l'anàlisi sobre el greu error que havíem comès: davant d'aquell jutge hi vam dir tot allò que ens deien que volien sentir.

Perquè així ens deixarien en llibertat.

Aquesta era la cosa.

En realitat, només buscaven la nostra humiliació.

Que ja ho hauríem hagut de saber, que sempre han fet igual, però que de vegades passa: fins que no hi topes de cara no te n'acabes d'adonar. Inconscientment havíem renunciat a una part important del bagatge antirepressiu acumulat durant anys pels moviments socials i també per l'independentisme de primera hora. Va ser un error. «Hem de tenir una actitud més madura en la nostra condició de presos polítics», vaig escriure aleshores al dietari. I ho he anat intentant.

En això, com en tantes altres coses, la intel·ligència collectiva juga al nostre favor. La capacitat de sumar coneixements, punts de vista. Experiència. L'August Gil Matamala, advocat bregat en mil batalles, també polítiques, sota la dictadura franquista, defensor de mil causes justes davant de la trinxadora jurídica que és l'Estat espanyol, es va tornar a col·legiar als vuitanta-tres anys per poder-me visitar a la presó de Soto del Real. I va venir fins allà. I va ser un privilegi poder-lo escoltar. I tota una lliçó.

Tanco els ulls i sento la seva veu pausada, punyent:

—Què vol dir que sou innocents? Si no hi ha delicte, feu el favor!

Justa la fusta.

En el cas de la lluita noviolenta i la desobediència civil, no té sentit caure en el joc «culpable / innocent», és a dir, «he comès el delicte / no l'he comès»: quin delicte? Desobeir per denunciar, i corregir, una situació injusta? Si de cas, he desobeït emparat en el meu dret de preservar drets fonamentals.

Els contraris, per tant, deixaven de ser aquell trampós culpable / innocent i passaven a tot un altre nivell: estat / poble, raó d'estat / raó democràtica, legalitat / legitimitat.

Així, els primers mesos del 2018 van veure com, des d'Òmnium, reorientàvem l'estratègia jurídica de defensa, com ampliàvem l'equip d'advocats. I com tothom, família, entitat i entorn, ho anava interioritzant, que calia fer estratègia política en el procés judicial. Que no ens agafessin d'escut o d'excusa per a cap retrocés, que comprenguessin que allò que era bo per al país ho seria per als presos. I no pas a l'inrevés.

La premissa era clara: l'objectiu no és sortir aviat, és sortir bé. I per tant: no som aquí per sortir de la presó, sinó per lluitar per la defensa de la democràcia, la llibertat d'expressió i el ple exercici dels drets civils i polítics dels Països Catalans.

Quant a l'estratègia política, s'havia de definir sense els condicionants de tenir presos polítics. Si ho féssim altrament, permetríem que els qui ens havien empresonat ens marquessin l'agenda, fins i tot la direcció dels nostres passos.

Recordo el moment perquè era el primer aniversari de la proclamació de la República. Aquella breu proclamació. Potser va faltar més determinació per part de tothom, els dies posteriors, potser sí, i no només dels polítics, però aleshores jo era a la presó i no puc saber quin aire es respirava realment. I això és important de no perdre-ho de vista: les limitacions que imposa la presó per a l'anàlisi o la decisió del curt termini.

Bé, el cas és que aquella nit vaig mirar la televisió, i allà al *FAQS*, mediadors del 27O i col·laboradors de tota mena hi explicaven el seu paper i obra i miracles. No és que me n'escandalitzés, ni que m'afectés especialment: me'n va sorprendre la incontinència. Sobretot perquè res no ha acabat. Hauríem de ser més discrets. Més enllà de l'afany de protagonisme o no de cadascú, em va semblar (i tant de bo que m'equivoqués) símptoma d'un ambient. I em va recordar la sàvia afirmació de l'August Gil Matamala, quan va dir que els revolucionaris de debò fan molt més del que diuen i diuen molt menys del que fan.

En tot cas, pel que fa al 27 d'octubre del 2017, sembla evident allò que deia Sèneca: «Quan no saps a quin port vas, cap vent no t'és favorable».

Consensus bonorum omnium. De vegades, si fas servir una citació en llatí, la cosa sembla que hagi de prendre més volada. I que sigui de Ciceró. Quin gran reaccionari en vida i quins discursos brillants per a la posteritat! Però era això, que ens calia, per encarar el judici que ja es perfilava allà a l'autosolemne Tribunal

«Visita de l'August Gil Matamala. Tota una lliçó de dignitat. No renuncieu a res, els presos heu de ser un pas útil i no la proclamació de la derrota. Envio nota urgent a Òmnium.»

DIETARI, 13/3/18

Suprem espanyol: *consensus bonorum omnium*. És a dir, l'entesa de tota la gent de bé; és a dir, en el nostre context i pel que feia a l'estratègia de defensa, consens entre els presos polítics i els seus entorns.

Per tal de generar aquest consens, o de mirar de propiciar-lo, no es podia plantejar d'entrada, per exemple, el no reconeixement del tribunal ni res de semblant. Coneixia l'opinió de cadascú, n'havíem parlat obertament.

Després passaven coses, hi havia rumors, etcètera, però precisament per això, també, calia parlar al més clarament possible, explicar que de cap manera no s'havia d'obrir, ni temptejar, cap possibilitat de pacte amb la Fiscalia. Que seria un greu error. Que seria com renunciar a tot el que havíem fet. Que s'havia de bandejar del tot aquesta opció. Que havíem d'anar de cara i no oblidar mai que, a més, com a acusació, també hi tenien Vox.

Quan havien passat sis mesos exactes de l'entrada a la presó, vam anar al jutjat una altra vegada. Declaració indagatòria, en diuen. I aleshores, sí: defensa del dret a l'autodeterminació i denúncia de la brutalitat policial de l'1 d'Octubre. Que va ser la tònica general de tots els que vam declarar. Un gir de cent vuitanta graus. I sí, des d'Òmnium ens vam deixar la pell per tal d'aconseguir que fos el màxim d'unitari possible. Anàvem bé. Cap pacte amb la Fiscalia. El pas següent, convertir el judici en un acte de ruptura: contra l'Estat, per denunciar la seva violència l'1 d'Octubre, a favor del dret a l'autodeterminació. Passar de la defensa a l'ofensiva. No hem comès cap delicte i no renunciem a res.

Els 45 minuts setmanals de locutori. Cubicle de vidre on el temps passa volant, on pots comunicar-te i veure't, i sovint oblidar que el vidre hi és.

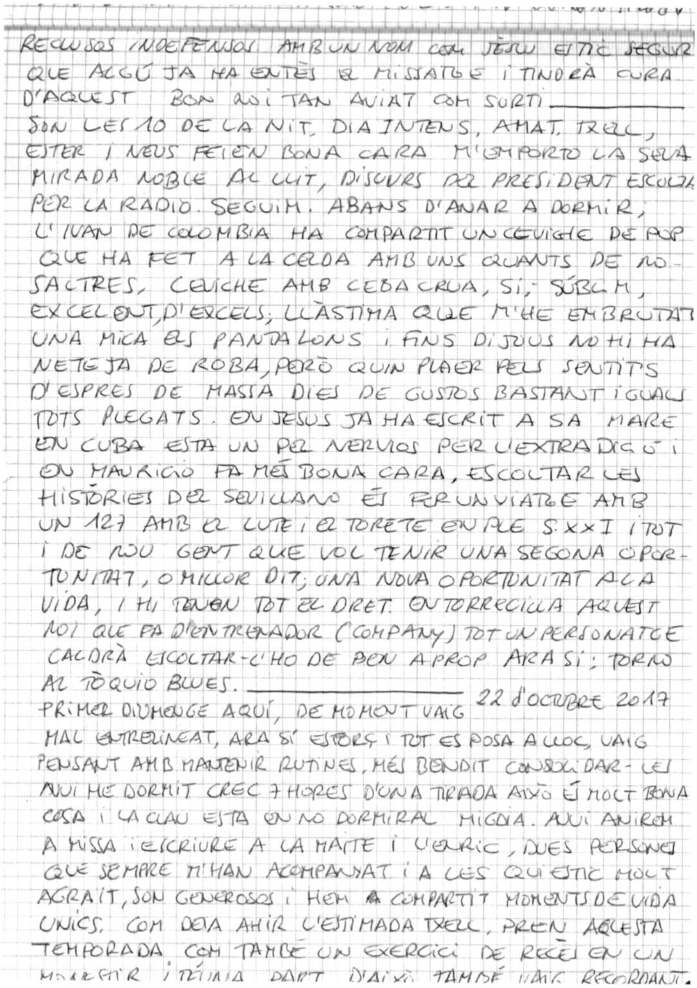

RECLUSOS INDEFENSOS AMB UN NOM COM JESÚS ESTIC SEGUR
QUE ALGÚ JA HA ENTÈS EL MISSATGE I TINDRÀ CURA
D'AQUEST BON AVUI TAN AVIAT COM SURTI ———
SÓN LES 10 DE LA NIT, DIA INTENS, AMAT, TXELL,
ESTER I NEUS FEIEN BONA CARA M'EMPORTO LA SEVA
MIRADA NOBLE AL LLIT, DISCURS DEL PRESIDENT ESCOLTAT
PER LA RADIO. SEGUIM. ABANS D'ANAR A DORMIR,
L'IVAN DE COLOMBIA HA COMPARTIT UN CEVICHE DE POP
QUE HA FET A LA CEL·DA AMB UNS QUANTS DE NO-
SALTRES, CEVICHE AMB CEBA CRUA, SÍ, SÚBLIM,
EXCEL·LENT, D'EXCELS; LLÀSTIMA QUE M'HE EMBRUTAT
UNA MICA ELS PANTALONS I FINS DIJOUS NO HI HA
NETEJA DE ROBA, PERÒ QUIN PLAER PELS SENTITS
D'ESPRÉS DE MASSA DIES DE GUSTOS BASTANT IGUALS
TOTS PLEGATS. EN JESUS JA HA ESCRIT A SA MARE
EN CUBA ESTÀ UN PEL NERVIOS PER L'EXTRADICIÓ I
EN MAURICIO FA MÉS BONA CARA, ESCOLTAR LES
HISTÒRIES DEL SEVILLANO ÉS FER UN VIATGE AMB
UN 127 AMB EL LUTE I EL TORETE EN PLE S. XXI I TOT
I DE NOU GENT QUE VOL TENIR UNA SEGONA OPOR-
TUNITAT, O MILLOR DIT; UNA NOVA OPORTUNITAT A LA
VIDA, I HI TENEN TOT EL DRET. EN TORRECILLA AQUEST
NOI QUE FA D'ENTRENADOR (COMPANY) TOT UN PERSONATGE
CALDRÀ ESCOLTAR-L'HO DE BEN A PROP ARA SÍ; TORNO
AL TÒQUIO BLUES. ——— 22 d'octubre 2017
PRIMER DIUMENGE AQUÍ, DE MOMENT VAIG
MAL ENTRELINEAT, ARA SÍ ESFORÇ I TOT ES POSA A LLOC, VAIG
PENSANT AMB MANTENIR RUTINES, MÉS BENDIT CONSOLIDAR-LES
AVUI HE DORMIT CREC 7 HORES D'UNA TIRADA AIXÒ ÉS MOLT BONA
COSA I LA CLAU ESTÀ EN NO DORMIR AL MIGDIA. AVUI ANIREM
A MISSA I ESCRIURE A LA MAITE I L'ENRIC, DUES PERSONES
QUE SEMPRE M'HAN ACOMPANYAT I A LES QUI ESTIC MOLT
AGRAÏT, SON GENEROSOS I HEM COMPARTIT MOMENTS DE VIDA
ÚNICS. COM DEIA AHIR L'ESTIMADA TXELL, PREN AQUESTA
TEMPORADA COM TAMBÉ UN EXERCICI DE RECÉS EN UN
MONESTIR I PRIMA PART D'AIXÒ TAMBÉ VAIG RECORDANT.

Un fragment del dietari de Soto del Real. Escriure es va convertir en una teràpia alhora que un compromís amb un mateix davant la solitud. També presa de consciència progressiva de pres polític.

Cada dia una entrada, plogui, nevi o faci bon temps. Manuscrit perquè ens denegaven l'accés a un ordinador.

L'artista Ai Weiwei, ex pres polític i exiliat xinès, al costat de la Txell amb una tassa de ceràmica a Brussel·les, el 28 de novembre del 2018. Vint-i-cinc dies després em visitava a la presó de Lledoners.

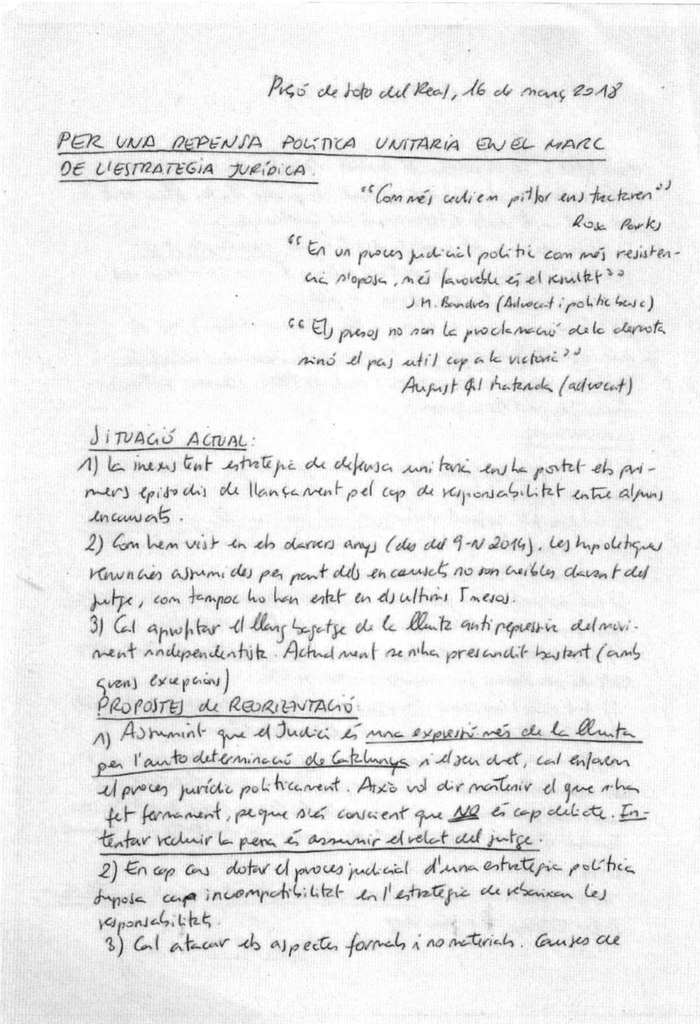

Per una defensa política unitària. Aquest document carta que vaig escriure el març del 2018 fou l'inici de la reorientació de l'estratègia jurídica d'Òmnium. En vaig fer tres còpies manuscrites per assegurar-me que arribessin fora de la presó.

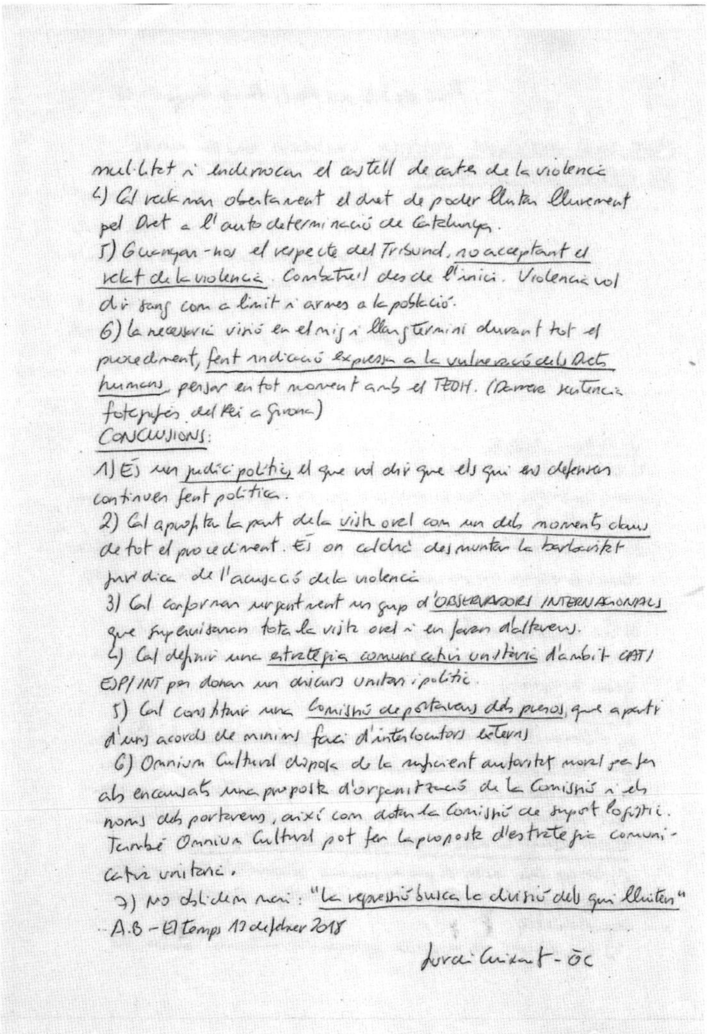

mal·litat i enderrocar el castell de cartes de la violència
4) Cal reclamar obertament el dret de poder lluitar lliurement pel Dret a l'autodeterminació de Catalunya.
5) Guanyar-nos el respecte del Tribunal, no acceptant el relat de la violència. Combatre'l des de l'inici. Violència vol dir sang com a límit i armes a la població.
6) La necessària visió en el mig i llarg termini durant tot el procediment, fent indicació expressa a la vulneració dels Drets humans, pensar en tot moment amb el TEDH. (Darrera sentència fotografies del Rei a Girona)
CONCLUSIONS:
1) És un judici polític, el que vol dir que els qui ens defensem continuem fent política.
2) Cal aprofitar la part de la vista oral com un dels moments claus de tot el procediment. És on caldrà desmuntar la barbaritat jurídica de l'acusació de la violència
3) Cal conformar urgentment un grup d'OBSERVADORS INTERNACIONALS que supervisaran tota la vista oral i en faran de altaveus.
4) Cal definir una estratègia comunicativa unitària d'àmbit CAT/ESP/INT per donar un discurs unitari i polític.
5) Cal constituir una Comissió de portaveus dels presos, que a partir d'uns acords de mínims faci d'interlocutors externs
6) Òmnium Cultural disposa de la suficient autoritat moral per fer als encausats una proposta d'organització de la Comissió i els noms dels portaveus, així com dotar la Comissió de suport logístic. També Òmnium Cultural pot fer la proposta d'estratègia comunicativa unitària.
7) No oblidem mai: "La repressió busca la divisió dels qui lluiten"
– A.B – El Temps 13 de febrer 2018

Jordi Cuixart – ÒC

Reconèixer-nos en l'acte de desobediència civil i passar a l'acció després del xoc inicial, no només com a entitat sinó al conjunt del moviment. La gènesi de les campanyes «Demà pots ser tu» i «Jo acuso» i l'esperit del «Ho tornarem a fer» que de manera inconscient s'anava gestant dins meu.

La incombustible Nora Cortiñas, cofundadora de les Madres de Plaza de Mayo Línea Fundadora, després d'un locutori de 40 minuts a la presó, visita Santa Perpètua de Mogoda. La repressió vol debilitar famílies senceres, però ella omple d'esperança la Maruja i l'Antonio, els meus pares.

Juntament amb la família d'en Jordi Sànchez, primer cop a la vida que puc celebrar el dia de Reis amb l'Amat. Activitat de cada any dins la presó. Gener del 2019.

Poques setmanes després d'arribar a la presó de Lledoners els Castellers de Sant Cugat van oferir per a tots els interns una sessió d'iniciació al món casteller. Força, equilibri, valor i seny.

En Savall fa anys que ofereix recitals a les presons d'arreu de Catalunya. Nosaltres també vam tenir aquest privilegi indescriptible, la primavera del 2019. Provem d'eliminar la cultura de les nostres vides i no quedarà res.

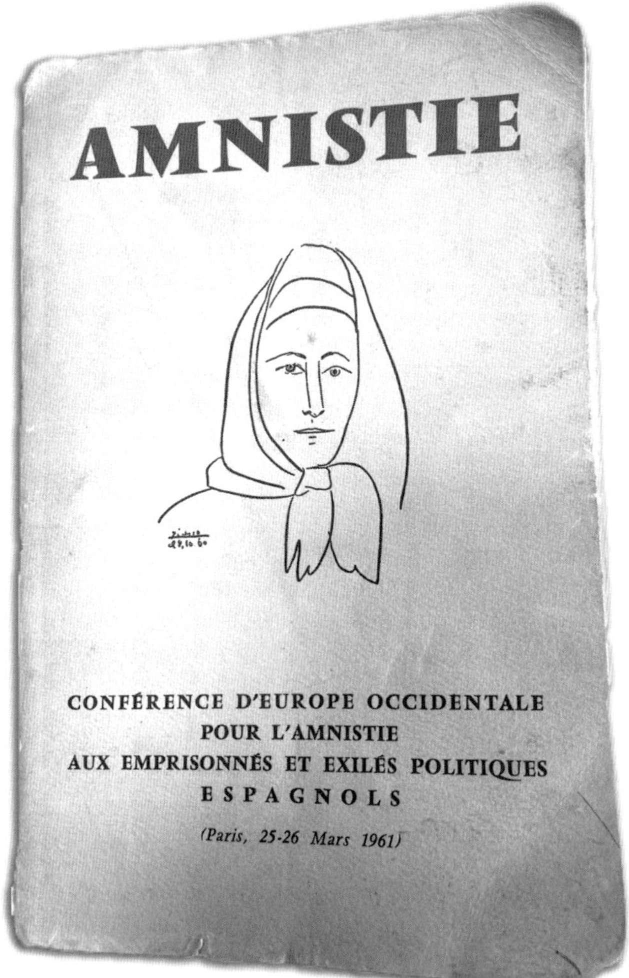

Regal de l'Olivier Peter en la primera visita a Lledoners.
Foto del llibre *Amnistie. Conference d'Europe Occidentale pour l'Amnistie*,
celebrada a París el 1961 amb dibuix de Picasso a la coberta.

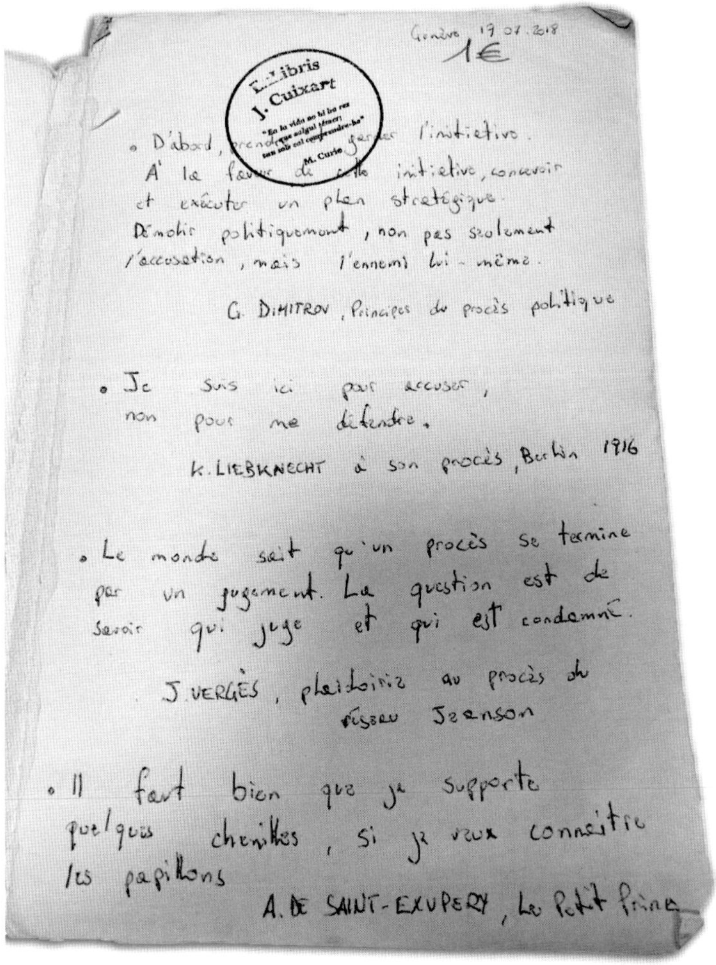

Genève 19 07.2018

1€

Ex Libris J. Cuixart

• D'abord, prend[...] garder l'initiative.
À la faveur de cette initiative, concevoir et exécuter un plan stratégique.
Démolir politiquement, non pas seulement l'accusation, mais l'ennemi lui-même.

G. DIMITROV, Principes du procès politique

• Je suis ici pour accuser, non pour me défendre.

K. LIEBKNECHT à son procès, Berlin 1916

• Le monde sait qu'un procès se termine par un jugement. La question est de savoir qui juge et qui est condamné.

J. VERGÈS, plaidoirie au procès du réseau Jeanson

• Il faut bien que je supporte quelques chenilles, si je veux connaître les papillons

A. DE SAINT-EXUPERY, Le Petit Prince

Les tres citacions polítiques són el punt de partida del «Jo acuso».
El llibre m'ajudarà a prendre consciència de la importància de l'amnisitia com a reivindicació troncal del moviment sobiranista en el front antirepressiu.
I de la importància de saber-nos part d'una baula més de la lluita per la democràcia arreu.

Foto de família al Tribunal Suprem, el febrer del 2019. Durant el judici també hi van ser sempre, tant a fora com al Suprem mateix. Al costat de familiars, acompanyats de la Txell i en Marcel i l'Esther i en Pol.

Convertir la cel·la en un espai de recolliment com a eina per superar la repressió. Això és també una decisió política.

Un permís de 12 hores és un rellotge de sorra en marxa. Esmorzar l'estiu del 2020 amb Pep Guardiola, un home que representa els valors de l'esforç i el compromís tan propis del catalanisme civil.

El Tribunal Suprem va censurar la Marina Garcés després d'explicar que teníem un cafè pendent. El vam acabar fent aprofitant un dels primers permisos. Per recordar que l'arbitrarietat del poder assenyala la seva por.

Foto amb la família i l'equip d'advocats d'Òmnium,
el dia que vam conèixer la condemna a nou anys de presó. Poc espai per a la tristor. Havíem aconseguit que el Tribunal es posicionés sobre l'exercici de drets fonamentals i el dret a l'autodeterminació. Moral de victòria. Petit Camí entre els braços.

Foto de la retrobada amb la Junta Directiva d'Òmnium a la Casa València. Després de tres anys i en aquells tres dies efímers del primer tercer grau retornava a una junta directiva com a president de l'entitat.

Just abans de saber que rebríem l'indult, els set presos polítics de Lledoners vam decidir fer un dinar de germanor a l'exterior, aprofitant un dia dels trenta-sis de permís que teníem l'any.

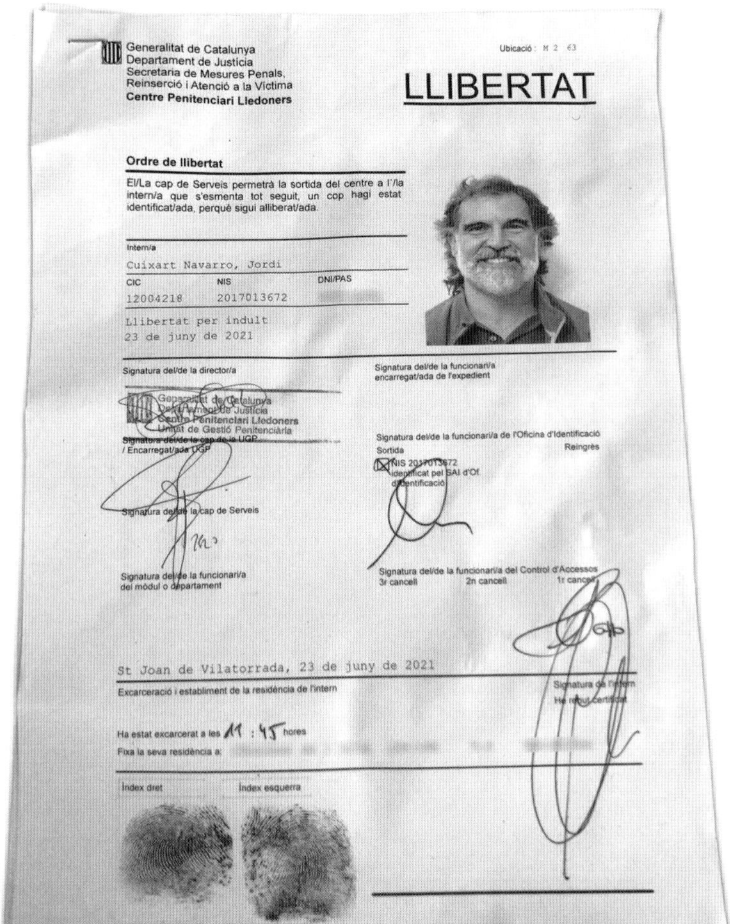

Un paper, un paper que dona per liquidada una condemna de nou anys. Sense absolució ni reconeixement de la vulneració de drets fonamentals ni reparació. I que t'obliga a sortir de la presó.

Es va anar veient que una estratègia unitària seria difícil. Al judici, vull dir. I ni parlar-ne, de cap comissió de portaveus. Que allò potser també era exemple i paradigma per a altres àmbits. En tot cas, jo, segurament per positivitzar la realitat, no veia del tot negatiu que cadascú pogués fer el paper amb el qual se sentís més còmode. Rebaixar tensió els uns, augmentar tensió els altres. De la pugna política amb l'Estat, parlo ara. Totes dues opcions coincidien dins del relat que uneix la radicalitat democràtica amb aquest 80 % que és la majoria aclaparadora que es posiciona contra la repressió, a favor dels drets democràtics i per una solució política que reconegui als catalans el dret a decidir el seu futur.

I el judici? Les coses que es diguessin abans, declaracions i intervencions públiques, propostes polítiques, podrien afectar la sentència? Ben segur. Però en el llarg termini, que és on penso que cal situar la mirada en aquest cas, no seria apreciable.

Des d'aquest punt de vista, des de l'assumpció plena de la condició de pres polític que encara un judici polític, em vaig negar en rodó a cap estratègia de driblatge curt. Tampoc quan les vaig haver de discutir amb les persones que més m'estimo, les que simplement i clarament volien treure'm d'allà i haurien fet qualsevol cosa per aconseguir-ho. Però no. Era un confondre desig amb realitat. Cap informe mèdic, ni meu ni dels meus, res, no m'hauria tornat a casa ni abans del judici ni després. Presentar-lo hauria estat fins i tot contraproduent. En tots els sentits.

L'octubre del 2018 encara no sabíem quan començaria aquell judici polític construït sobre les ruïnes dels drets fonamentals, ni com el volien cabdellar, però ja havia escrit al dietari:

«Les sentències seran molt dures». El temps ens va fer comprovar fins a quin punt l'afirmació era encertada.

Ho vaig seguir des de la cel·la. Un acte al fossat de Santa Eulàlia, al castell de Montjuïc. En Lluís Llach. En Marcel Mauri i la Marina Llansana. Els companys de la Junta Directiva d'Òmnium, amb camisa blanca: la complicitat i la força. Era el gener del 2019 i començava formalment la campanya «Jo acuso».

Com Georgy Dimitrov al judici de Leipzig, la tranquil·litat i la denúncia: aniríem al Suprem a acusar l'Estat per vulneració dels drets humans.

Perquè això és el que havíem decidit fer: defensar la societat catalana que l'1 d'Octubre no es va quedar a casa, acusar l'Estat de la vulneració dels drets civils i polítics, i defensar el nostre dret a l'autodeterminació. Plantar cara a l'Estat espanyol, que significava afirmar que tornaríem a exercir els drets fonamentals que aquest pretenia condemnar.

I, un cop a lloc, a la sala grandiloqüent, làmpades de vidre que pengen dels sostres altíssims, cortinam vermell, tapissos, pintura daurada, tot recargolat i destinat a l'escenificació, a fer sentir petit i en minoria qui sigui que hi hagi de declarar, vam lluitar perquè es visualitzés aquesta acusació. Els seus fonaments.

Amb els advocats havíem fet, literalment, sessions d'assaig. Ells en el paper de fiscals, tres contra un, que era jo i que havia d'anar entomant la seva competició de preguntes, a quina més mal intencionada i verinosa. La primera vegada que m'hi vaig

«De nou la realitat supera la ficció: qui m'ho havia de dir, que em trobaria amb un advocat suís preparant la defensa internacional i enviant-nos llibres de regal amb companys a l'exili.»

Dietari, 28/8/18

haver d'enfrontar, en vaig sortir tocat i vaig anotar els deures al dietari: cal més entrenament. A la tercera sessió ja em vaig començar a sentir més fort. És important conèixer el terreny que trepitjaràs. Quan va arribar l'hora de respondre als fiscals de debò, no em van agafar desprevingut ni les fórmules retorçades ni les segones intencions, aquella ja sabuda representació. I les preguntes d'en Benet eren més bones.

La meva declaració primera, per tant, preparada i pensada a consciència, va servir per practicar *in situ* el to Dimitrov i per explicar algunes evidències: que jo era un pres polític i no un polític pres, que de fet quan em van tancar a la presó era un activista social i no pas un polític, que els reclamava l'absolució, és clar, però que després de cinc-cents dies de presó la meva prioritat no era sortir-ne, sinó poder denunciar la vulneració de drets i llibertats que hi ha a Catalunya i també al conjunt de territoris de l'Estat espanyol, que Òmnium és una entitat eminentment independentista, per bé que ha focalitzat sempre els esforços en la defensa del dret a l'autodeterminació, que jo mateix soc independentista, que tinc un sentiment republicà, i que estava segur que allà no es jutjava aquest meu sentiment, que no entenia que em recriminessin que volgués fer un tsunami democràtic, que on hi veien res de punible, en aquest fet, que sí, que és clar, que volem més democràcia i societats més obertes i participatives, que d'això parlem, de democràcia, que mai no hi renunciarem, que Marcelino Camacho deia que «el dret de vaga es guanya fent vaga, el dret de manifestació es guanya manifestant-nos», i que ara hi afegim que a Catalunya el dret de votar es guanya votant, que l'exercici de la desobediència civil és un símptoma del bon estat de salut d'una democràcia i que això ho ha dit aquest mateix tribunal que ara ens jutja, que el principi de la noviolència és nuclear en la desobediència civil i que assumim plenament la decisió de no respondre amb violència a la violència de la Policia Nacional espanyola i la Guàrdia Civil, que es persegueix la voluntat del poble de Catalunya de celebrar un referèndum d'autodeterminació, i que ens esforçarem per fer tants referèndums d'autodeterminació com calguin fins que en puguem celebrar un que no s'hagi d'encarar amb la violència per part de la policia i el resultat del qual es pugui implementar tal com s'ha fet a Escòcia o al Quebec i tal com es fa a les democràcies desenvolupades.

Aquestes van ser les coses que els vaig declarar, allà a la sala dels velluts i el cortinam.

Que constessin en acta, si més no. Que fossin dites. Tot i saber, i comprovar de seguida, que l'escenari no estava preparat per escoltar-les, sinó per veure-hi desfilar el relat dels uniformes. Ells tenien les normes a mida i els àrbitres de part: als testimonis de la policia espanyola els oferien via lliure per omplir les declaracions de sentiments i percepcions (que la gent els mirava amb «cares d'odi» diria que va ser la consigna, l'expressió més xocant i a consciència indemostrable de les moltes que van dir); i això, mentre els nostres testimonis eren constantment interromputs perquè els deien que descrivien sensacions, no els deixaven expressar, els volien fer declarar només el que jutges i fiscals volien sentir. No hi havia res a fer, llevat d'anar deixant constància de la situació, una vegada i una altra. Fins que el president de la sala va perdre greument el control i va mostrar la parcialitat de la justícia espanyola destil·lada en dos mots entre signes d'exclamació: quan en Benet, fart que el jutge declarés improcedent resposta rere resposta dels nostres testimonis, li va dir allò de «*Si la sala no me permite más preguntas, no voy a formular más preguntas*», ell li va espetegar: «*¡Mucho mejor!*». Sense miraments.

La dificultat de desplegar a la sala la campanya del «Jo acuso» tenia relació, també, no només però també, amb el fet que no hi hagués un equip de coordinació jurídica entre totes les defenses. Ho vam intentar, però no va poder ser. I es portaven, per tant, diverses estratègies jurídiques, amb molt diversos graus d'enfocament polític. Si la defensa política hagués estat adoptada per totes les organitzacions i acusats, la força col·lectiva hauria estat molt més gran o, per ser justos, hauria estat. Una obvietat. Potser la sentència hauria estat igual o potser no, però tot plegat hauria servit per mostrar que els presos no som objectes visibles de cap desfeta, sinó de resistència.

Vam passar cinquanta-dos matins i cinquanta-dos vespres pel costat de la Júlia, l'escultura de serenitat i silenci de Jaume Plensa. La bellesa que no dorm i que respira. Hi vam passar dins de la furgoneta de la Guàrdia Civil camí del Tribunal Suprem o tornant-ne, travessant la plaça de Colón, sabent que la Júlia hi era i sense poder-la veure. Però pensant-hi cada vegada. Cada vegada. Sense acabar d'establir si pesava més la frustració que et feia serrar les dents o l'alegria simple de saber que la Júlia existeix, de recordar-la, d'imaginar-la, de comprendre que l'art, així, també pren una nova dimensió, que pot ser un refugi personal.

Hem après moltes coses, aquest temps. De la manera més dura, algunes, cert, però les hem apreses.

Un dia van enviar la Guàrdia Civil a la seu d'Òmnium Cultural. Va ser abans del judici. Per allò de l'escenificació. La imatge dels uniformats carregant caixes com si s'emportessin qui sap quin material importantíssim (caixes que feien la impressió de pesar ben poc: en això fins i tot les imatges de les televisions espanyoles eren clares). Mirar de transmetre el missatge que una entitat central a la societat catalana, dedicada a la defensa i la promoció de la llengua i la cultura i la vida digna de la gent d'aquest país, era en realitat ves a saber què i que per això hi havia d'anar la Guàrdia Civil a escorcollar. La policia espanyola a la casa d'Òmnium. Un altre cop. El gener del 2018, com el desembre del 1963, quan la dictadura en va clausurar la seu al Palau Dalmases i en va prohibir les activitats durant quatre anys.

Més que no pas aquell intent tan poc subtil de criminalitzar (i de justificar de passada el manteniment de la presó: l'escorcoll es va fer en uns dies en què havien de dictaminar sobre els escrits de llibertat que havien presentat els nostres advocats), el que va comptar va ser la resposta de la gent. De la gent, que sempre hi és i que de seguida va mostrar el rebuig decidit a aquella provocació, el suport a Òmnium i al que Òmnium significa.

Aquell dia hi va haver una concentració massiva. «Tots som Òmnium», imprès en bandes, a les mans alçades de la gent. L'increment de nous socis va continuar disparat.

Òmnium neix el 1961 per salvar els mots.

I l'última dècada la història s'accelera.

El 2010 liderem la primera gran manifestació massiva.

El 2012 reivindiquem públicament la necessitat d'un Estat propi i renunciem a les subvencions públiques.

Els últims anys organitzem grans campanyes de mobilització: «Lluites compartides», «Crida per la Democràcia», «Demà pots ser tu», «Judici a la democràcia» i la campanya d'Amnistia. Sense oblidar la llengua i la cultura: la Nit de Santa Llúcia, el Premi d'Honor, la Festa per la Llibertat de la Diada, la Flama del Canigó, el VOC per l'audiovisual o el premi infantil i juvenil Sambori.

El que som, que hi siguem avui encara, modestament, crec que també té a veure amb la tasca ingent, silent que fa una entitat tan potent com Òmnium Cultural.

Ho dic com a soci, no com a president.

Proven de modelar la realitat als seus interessos, però la realitat s'imposa sempre. Cada dia, quan ens conduïen a la sala del judici, tancaven els porticons dels grans finestrals que donaven al pati interior, no fos cas que veiéssim el sol, o el verd dels arbres, o la primavera que arribava. Quin esforç inútil: ens negaven la Júlia, però sabíem que la Júlia hi era.

Allà assegut, a la sala immensa on anaven fent el judici, vaig tenir hores per pensar. Hores i hores i hores. Observar l'escenari, les cares dels jutges, deixar la ment en blanc una estona i descansar, o repassar tasques, també, coses pendents, coses que anaven bé.

Perquè hi ha coses que van bé, i aturar-t'hi una estona, sí, reconforta. La fàbrica, per exemple. Tant com ens ha costat, tan difícil que semblava, i les dificultats, i tot, i el projecte continua amb més motivació que mai. L'empresa no s'ha aturat, i la producció tampoc, i el seu compromís social està intacte. Quinze anys des que vam engegar el projecte. Setze. I de la sembra, els fruits. Han mantingut l'empresa en els temps més difícils, mentre soc a la presó; també han estat afectats per la repressió però han decidit fugir del paper de víctimes, han resistit el gran trastorn de la pandèmia, ho han fet tot i sense soroll ni esperar reconeixement. En Jan Molina ha estat i segueix sent el millor capità per l'equip. «Fes bé la teva part, aquí hi ha el veritable honor.»

Un jutge es remou incòmode a la cadira tota guarnida de velluts i de daurats. Jo constato la sort que tinc de tenir els companys de fàbrica que tinc. I somric de tant de tenir.

Perquè les situacions, molt sovint, són qüestió de perspectiva: aquelles cinquanta-dues sessions te les podies agafar com un enfilall antipàtic i tediós de trasllats i de togues i d'hores davant del tribunal i d'hores a la sala d'espera o, per exemple, com una oportunitat per retrobar-nos amb la Carme Forcadell i la Dolors Bassa, a qui no vèiem de feia tantíssim temps. La fraternitat entre tots nou presos polítics durant el judici a Madrid és de les coses boniques que m'han passat a la vida. Tal com ho sento ho escric.

Després, en fi, tornava aquell lentíssim lliscar de les hores. Tot plegat era una comèdia tan gran que se'm feia estrany el dispendi: si fos a la fàbrica, pensava, tanta gent sense fer res, absolutament res de profit... quin greu! Però de seguida reprenia els records que alimenten, que res no tenen a veure amb la buidor de les togues pomposes. I pensava, per exemple, en Miquel Martí i Pol, en la primera vegada que el vaig veure a Santiga i en la impressió que em va fer conèixer-lo: la seva aparent fragilitat, que tenia tant de magnetisme que arrossegava tothom. També a mi, un vailet de deu anys. Guardo com un tresor la dedicatòria al cartell de la Festa de l'Arbre: «Per a en Jordi Cuixart, amb l'esperança de compartir per sempre més en la mateixa pàtria». Allò va ser la gènesi de tot l'imaginari de les «lluites compartides» que ha crescut al cap de tants anys: compartir en lloc d'eixamplar, d'imposar, d'expandir, conèixer-nos i reconèixer-nos més i millor en la diferència i en la diversitat. I pensava en l'11 de novembre del 2003, també, quan vam saber que ell s'havia mort, i era el dia que naixia Aranow, i vaig pujar a Roda de Ter a retre al poeta el darrer homenatge i hi vaig coincidir amb Paco Candel i el meu tiet Navarro. I quanta força que encara avui em dona aquella escena: Martí i Pol, Candel, Soriano, Navarro, tota una declaració de principis fins al final de les seves vides.

Hi havia estones, però, que les dedicava a observar els moviments dels jutges. Tan sols això. Alguna ganyota. L'avorriment, fins i tot. La cara de dir que en soc, d'important, i que lenta que és aquesta representació, però que bé que ho faig, arrepapat al meu tron vermell, mig esclafat de vegades pel pes flàccid de mi mateix, esforçant-me per no perdre la cara de fer «Hum, hum...»

però íntimament, vàcuament satisfet de formar part de l'escena. La part del cadafal. Més alt que tothom. Més alt, sobretot, que els acusats que fem seure en bancs compartits.

Vaig decidir que no em mouria del lloc que m'havien assignat en aquell banc. Modestament representava el lloc i el paper que la història de la justícia espanyola ens «reservava» als ciutadans dels Països Catalans. No volia blanquejar la vergonya que hi tenia lloc parapetant-me rere el rengle dels advocats. Érem a la mateixa sala on, l'any 1934, havien jutjat el president Lluís Companys, el Govern de la Generalitat i els caps dels Mossos. Passat el nostre judici, l'actitud digníssima de tots aquells homes, les seves declaracions i tant com s'hi jugaven, que era la vida, encara se'm fa més admirable.

Devia ser el segon o el tercer dia de judici que em vaig adonar que en aquella sala que ens jutjava no hi havia la bandera europea. Només la seva. L'espanyola. Aferrada a un pal gruixut acabat en punxa.

Stephen Hawking deia: «Els grans avenços de l'ésser humà provenen de parlar. I els més grans fracassos, de no parlar.» Per això, precisament, vam acumular desenes de sessions en aquell tribunal, perquè l'Estat espanyol no vol parlar, no reconeix al poble català el dret a la paraula viva i escoltada.

Aquesta actitud, ben mirat, és la que fa que tants ciutadans se sentin interpel·lats i molestos, independentment del fet que siguin fills d'aquesta terra o no, que ho siguin els seus pares o no

«El cel de Castella és fantàstic, ple de blaus que avui es veuen enaltits per uns núvols blancs que no acabes de saber qui perfila què. És un cel infinit i penso en Velázquez contínuament.»

Dietari, 20/6/19

(com ara la Maruja, la mare, que va néixer a Múrcia: a ella li agrada que ho digui i jo li faig cas, també per escrit). Tothom vol ser escoltat, que significa ser tingut en consideració, saber que la teva opinió té opcions per ser recollida i implementada encara que sigui parcialment. I això que fa Espanya, aquest recalcitrant tancar-se d'orelles, ho representava perfectament el tribunal: no ens escoltava, deixava que els nostres arguments llisquessin sobre el seu gel sense aturar-se ni un segon a considerar-los. Ja tenia la decisió feta, independentment de les coses que hi poguéssim dir, nosaltres i els nostres advocats, allà.

És per això que des d'Òmnium no vam plantejar les meves intervencions com un intent de convèncer de res aquells jutges amb partit pres, sinó com una palanca democràtica. Si així podíem arribar a alguna persona que d'una altra manera no hagués sentit mai la nostra veu, endavant les atxes.

Des d'aquest punt de vista, també, vaig anar preparant el meu al·legat final. Que tan sols eren deu minuts, però que vaig voler treballar a consciència. Per parlar des del sentiment i des del raonament també, no pas a aquells jutges ni als governants de l'Estat, sinó a la societat, tant a la catalana com a l'espanyola. Però de manera molt especial a la catalana. I de manera més especial encara, als milers de persones que ens seguien en directe des de la pantalla gegant instal·lada a Barcelona, a Arc de Triomf.

Hi havia el *Desobeir* de Frédéric Gros, que m'havia acompanyat tants dies en les hores d'espera en aquell mateix tribunal, hi havia el jo indelegable de Plató, l'amor a la vida de Rosa Luxemburg i el sentit de la justícia d'Antígona i Thoreau i tant com vaig poder encabir en aquells minuts escassos que vaig tenir per dir essencialment que, per simple necessitat democràtica, ho tornarem a fer.

I vaig començar explicant que no parlava per defensar-me, ni per aconseguir una reducció de la pena, sinó per reafirmar-me en tots els exercicis de drets fonamentals que s'havien anat retraient durant aquell judici. I vaig continuar, sense pauses que hi fessin punts i a part, si fa no fa així:

—Vull reivindicar un cop més que no hi ha cap mena de penediment, que tot el que vaig fer ho tornaria a fer perquè estic convençut que és el que havia de fer. N'accepto les conseqüències, perquè és la forma d'actuar de qui ho fa sobre la base de la seva consciència. Tots els meus actes han estat públics i ho continuaran sent. Això que veiem és un judici a la democràcia, perquè en realitat tan sols hem exercit drets fonamentals, conquestes que s'han assolit en aquesta societat i que intentem fer servir amb normalitat. I sí, del resultat d'aquest judici en depèn la qualitat de la democràcia a l'Estat espanyol. Vull aprofitar aquest altaveu que em donen per fer un reconeixement als votants de l'1 d'Octubre, als 2.300.000 persones que van votar que sí i que van votar que no i que van sortir al carrer amb una actitud pacífica i democràtica i prenent alhora un compromís. I a aquest compromís se li ha de donar valor. Perquè no era fàcil de fer sabent que estaven pegant a la gent. Perquè així i tot van sortir amb aquella determinació. I va ser un dia que durarà anys. Des de la Fiscalia em retreien les crides a la mobilització permanent: doncs és que és veritat, que sí, que ho vaig fer. I és que diria que tinc gairebé l'obligació moral de tornar-ho a fer avui, aquí: catalans, catalanes, mobilització pacífica, democràtica, permanent, cívica i que mai no defalleixi en la voluntat de millorar la societat. Perquè si aquest és el retret que se'm fa, malament rai. Doncs sí, senyors fiscals: mobilització permanent. I també dret a protestar davant de tots els poders de l'Estat. Que això és el que fèiem el 20 de setembre. I és el que sembla que es vulgui posar en qüestió en aquest judici. Sàpiguen que no deixarem de protestar. Perquè la protesta és el motor que fa progressar les societats. S'ha parlat de desobediència civil: sí, és una desobediència civil en tota regla. Davant del dilema d'acatar una suspensió del Tribunal Constitucional o l'exercici de drets fonamentals, es van exercir els drets fonamentals. Quan una població exerceix una desobediència civil mostra el compromís que té amb la societat, i aquest és un acte de coherència i de responsabilitat. I també un dels instruments més útils que tenen les societats per avançar. I estic convençut que hi haurà molt poc dubte entre els demòcrates de l'Estat espanyol en el fet que cada vegada que un col·lectiu exerceix la desobediència civil enforteix els drets i les llibertats de tota la societat. Perquè el problema, avui, no és la desobediència, sinó l'obediència civil que permet que els oceans siguin mars de plàstic, que els refugiats morin a les nostres costes i que es persegueixi les persones que els volen salvar, que a l'Estat espanyol es faci un rescat a la banca de 60.000 milions d'euros i alhora es produeixin 600.000 desnonaments, o que a Catalunya, una de les regions més pròsperes d'Europa, una de cada quatre persones visqui en risc d'exclusió social. I el problema és la desobediència civil? O el problema és l'obediència dels ciutadans, que continuen sense protestar davant d'aquestes desigualtats, davant d'aquests despropòsits? Per tant, sí, el problema és l'obediència civil que avui tolera que demòcrates que seiem en aquests bancs estiguem acusats per l'extrema dreta braç a braç i en connivència amb el Govern de l'Estat espanyol, del PSOE. En aquest judici s'ha continuat buscant enemics. Això s'ha fet. Fins al punt que alguns dels testimonis de la meva defensa no s'han pogut expressar amb claredat. I això no és més que por. Por d'escoltar. Por de la paraula. Por d'empatitzar. Por de conèixer-nos més i millor. I si es continua actuant amb por difícilment es podran entendre les raons dels uns i dels altres i actuar amb l'empatia mínima necessària per poder resoldre aquest conflicte. Que és un conflicte polític. Igual que aquest és un judici polític. Perquè el primer dia ja es va parlar del dret a l'autodeterminació, cosa que dubto que passi en un judici ordinari. Però també cal dir que davant d'un conflicte polític i davant de la por de la paraula, ningú no aconseguirà que ens enfrontin entre pobles. Per moltes recollides de signatures que faci el PP contra l'Estatut, per molts policies que ens enviïn, mai no ho aconseguiran: més del 70 % dels ciutadans de Catalunya avui tenim arrels en altres parts del món, i considerem els pobles d'Espanya pobles germans. Tots junts hem construït la societat catalana, diversa i transversal, on la gent es pregunta molt, molt, molt poc pels seus orígens i en canvi sí que es pregunta sovint on volem anar conjuntament. Aquesta és la realitat d'un país que no és ni millor ni pitjor que els altres, però que s'ha format així. La Fiscalia també deia que «el Rei va haver de pronunciar el 3 d'octubre un discurs d'enorme calat». Sí, i d'enorme decepció, n'estic segur, per a molts espanyols demòcrates, per a molts catalans demòcrates que, sense haver anat a votar l'1 d'Octubre, van veure com el Rei renunciava a fer un paper de concòrdia i en canvi avalava la brutalitat policial. És que les imatges d'aquella brutalitat són molt potents, i també duraran anys en la memòria de la societat catalana. Va ser una oportunitat perduda per part del cap de l'Estat. En tot cas, jo em nego a viure sense esperança. I em nego a deshumanitzar la meva vida. I em nego també que a partir d'ara les meves relacions i la meva manera de sentir s'hagin d'establir amb enemics, perquè jo no en tinc, d'enemics. I per això em nego a odiar ningú. Jo no vaig néixer ni tan sols per ser forçat a odiar ningú. Hi ha un intent de deshumanitzar el moviment a favor de l'autodeterminació, el moviment independentista català, i és responsabilitat de tothom d'entendre i fer entendre que és una opció legítima. Finalment, vull dir que mentre arriba o no la decisió d'aquest tribunal, no canviarà la meva prioritat, que no és la de sortir de la presó. Som en una causa col·lectiva. I de la decisió d'aquest tribunal en traurem tots una lliçó pel que fa a la lluita, en ple segle XXI, de ciutadans que, amb tota la humilitat del món, han decidit no renunciar al fet que el seu país pugui decidir el seu futur. Per tant, els vull fer partícips del fet que en aquest moment la meva prioritat com a president d'Òmnium Cultural no és sortir de la presó, encara que entenc que és il·legítima perquè no soc culpable de cap delicte, sinó continuar lluitant i treballant per la resolució del conflicte polític i per aconseguir que els meus fills, els dos grans, el petit Amat, que creix veient-me entre barrots, i un que si Déu vol arribarà a la tardor, puguin viure en un país millor i més lliure. I em sembla que aquesta és una consideració que ens unifica molt a tots els éssers humans. Estic convençut que aquest país no caurà en la frustració. Hem superat situacions molt més adverses i hem estat capaços d'alçar el cap. Som un país d'immigrants, un país on els ciutadans van decidir, fa més de quaranta anys, que la llengua catalana seria la llengua vehicular a les escoles per tal d'aconseguir que tothom tingués igualtat d'oportunitats i que ningú no hagués de renunciar a la seva llengua d'origen (i prova d'això és que avui a Catalunya es poden parlar més de tres-centes llengües i que el català continua sent una llengua de cohesió social), som un país de lluites compartides, que va asfaltar carrers i places amb les seves mans, amb la lluita veïnal. I, per tant, estic segur que no deixarem de lluitar pel dret a l'autodeterminació: continuarem lluitant lliurement i pacífica per decidir el nostre futur. Perquè si la violència policial no va poder contra la força de l'1 d'Octubre, algú es pensa que una sentència farà que els catalans deixin de lluitar pels seus drets? I acabo: se'm jutja per ser el desè president d'Òmnium Cultural. I se'ns jutja per manifestar-nos, per expressar, per mobilitzar, per votar. I ambdues coses són un honor. I els dic, sense cap acritud, que ho tornarem a fer. I ho tornarem a fer com ho hem fet fins ara: pacíficament, serenament i amb tota la determinació del món.

La Premi Nobel de la Pau Jody Williams va venir al Tribunal Suprem espanyol. Recordo la seva visita amb intensitat. Ens vam poder abraçar i somriure i parlar durant tres minuts. Tres minuts. Només tres minuts i en van ser tres mil.

Havia comprovat en directe de què anava aquell judici i ens comminava a persistir, a internacionalitzar la nostra causa: vaticinava que tindria conseqüències a tot Europa. Més d'hora que tard ho portarem al Tribunal Europeu de Drets Humans, li vaig dir. Ella va ser clara: «Si això que he vist aquí són la democràcia i la justícia, és que jo no entenc què és democràcia i què és justícia».

«Em poden odiar, però no aconseguiran d'ensenyar-me a odiar.» Vaig llegir Romain Rolland amb avidesa. L'escriptor. El pacifista. Les seves reflexions antibel·licistes encara ens serveixen avui. Plenament. Hi vaig pensar molt, durant el judici, sobretot després d'haver pogut abraçar la Jody, en aquella serena negativa a davallar a les cavernes retorçades de l'odi.

L'odi paralitzador, l'odi tan improductiu que no serveix per a res. Ni tan sols per desfogar-se.

El 27 d'octubre del 2017, data de la declaració d'independència, el funcionari que feia el darrer recompte a Soto del Real em va dir que vigilés, aquella nit. Tal com raja. No feia ni quinze dies que vivia en aquell món de reixes i ecos metàl·lics, i no sé d'on vaig treure forces per contestar-li que seria la nit que dormiria més feliç de la meva vida. Una pausa. Esforçar-me per mantenir l'expressió tranquil·la. Reprendre la paraula: que estava segur, seguríssim, que no em passaria absolutament res i que ell vetllaria perquè així fos.

Si pretenem resoldre el conflicte polític hem d'entendre les raons dels nostres adversaris, més enllà de lectures simplistes i d'acusacions tòpiques. I hem de fer-ho tant pel senzill acte d'entendre-les com també per pragmatisme: si volem vèncer, hem de conèixer a què ens enfrontem, què és aquest nacionalisme d'estat, expansiu, agressiu, uniformitzador, per quins mecanismes es mou i opera, quins interessos té, tot. O tant com puguem. Ara per ara, diria que les lectures que n'hem fet o no han estat prou encertades o no han estat suficients. Deia el poeta James Russell Lowell que no és possible entendre aquells que odiem, i penso que tenia raó. Per tant, si volem guanyar, i si per guanyar hem d'entendre, no podem odiar. Amb aquesta idea vaig preparar l'al·legat final del judici: que no tingués ni el més petit biaix de rancor contra ningú i sí tota la determinació en la defensa dels postulats polítics que, tancant-nos a nosaltres, pretenien d'empresonar.

Reconèixer que l'Estat se sap fort és important per poder-lo vèncer.

També és clau entendre com funcionen els seus mecanismes i instruments de repressió. Conceptualment i tècnicament. Una part important de la por que paralitza sorgeix del fet de no saber què tens al davant. Tant perquè així ho magnifiques i t'empetiteixes com perquè després no hi saps navegar, et perds als passadissos del seu sistema. No pots plantejar cap embat si no estàs preparat per guanyar la partida. Deia Rosa Parks: «Saber què cal fer elimina la por».

En el front internacional, m'atreveixo a dir que com a Òmnium ens vam posar les piles ràpidament per denunciar la repressió a entitats, personalitats, institucions i organismes d'arreu del món, mitjançant una paradiplomàcia cívica cada cop més eficaç i sincronitzada amb l'equip jurídic, que ha contribuït a victòries democràtiques a l'ONU o al Consell d'Europa.

I per explicar la causa a la premsa estrangera, amb una portada al *The New York Times* que encara cou. El Govern espanyol va concedir els indults fonamentalment per la pressió internacional, a la qual els exiliats polítics també han estat decisius.

De vegades, aquest entendre com funciona pot significar coses tan pràctiques, i d'aparença tan menuda però en realitat tan important per establir comunicació, com les que m'apuntava un dia l'amic Antón Costas: tenir present que, d'entrada, Espanya vol saber qui és l'interlocutor vàlid. I la nostra realitat és que les dinàmiques de partit fan molt difícil que avui hi hagi una veu catalana que ho condensi i, davant a l'Estat, pugui dir que ella és la interlocució. Que això no significa, ni de bon tros, que hàgim de propiciar o d'esperar l'arribada de cap líder messiànic, aquesta reducció a la caricatura. És tan sols que hem d'entendre què espera l'altre. Des d'on ens mira. I reconèixer alhora que, òbviament, el plet català necessita consensuar una sola veu, tan coral com convingui, tan corals com som, però una sola veu.

Ja ho sabíem, que ens condemnarien. Jo apostava, si és que es pot dir així, pel dígit doble, i per a tothom. Després de dos anys en presó preventiva, absoldre'ns hauria estat reconèixer

«La Fiscalia confirma els càrrecs i demana que no puguem sortir en tercer grau abans d'haver complert el 50 % de la condemna. El mateix dia que el Grup de Treball sobre Detencions Arbitràries de les Nacions Unides exigeix al Govern espanyol el nostre alliberament.»

Dietari, 30/5/19

directament la vergonya de tot plegat. I això, aquells jutges, aquell Estat, mai.

No creia, per tant, en els cíclics cants de sirena, en els rumors i les xafarderies i els sé de primera mà o m'han confirmat de manera confidencial o aquesta font tan ben informada i de tan altíssim nivell ha dit que la Fiscalia farà un gest o que el ministeri tal cosa. La pràctica, els resultats inexistents de cadascuna d'aquelles més o menys il·lusionades afirmacions, confirmaven la desconfiança. No en conec els budells, de cap d'aquells suposats contactes, però sempre em va semblar que no duien enlloc. «*Nadie ofrece tanto como el que no va a cumplir*», que deia Quevedo.

Jo m'havia preparat per a una sentència dura. Deu, catorze, vint anys. I ho va ser, certament. Però quan el subaltern que havien enviat del Suprem em va comunicar que n'eren nou, vaig pensar que encara com.

Que sé que és una animalada, però que així no em vaig enfonsar.

Ens en demanaven disset, a en Jordi Sànchez i a mi, perquè tota la instrucció ens va voler considerar, juntament amb el president Puigdemont i el vicepresident Junqueras, «els caps de la rebel·lió». La primera rebel·lió sense armes del món.

La sentència que van redactar és avorridíssima, però, un cop t'aveses a l'argot recargolat i postís, hi ha coses interessants. Coses que parlen d'ells, dels servents i factòtums de l'Estat. I de la seva cua de palla. Per exemple, es veuen obligats a dedicar pàgines i més pàgines a provar de rebatre la legitimitat del dret a l'autodeterminació i a posicionar-se sobre l'exercici de la desobediència civil, dos conceptes que no havien sortit en tota la instrucció prèvia però que van ser les pedres angulars de la defensa d'Òmnium Cultural. O hi fan la curiosa giragonsa de descartar finalment la «rebel·lió», una figura que fins i tot a ells els hauria estat difícil de mantenir (demana un «alçament violent»), però deixant-hi la «sedició» (que inclou un «alçament tumultuari»). És a dir, que equiparen la mobilització social noviolenta amb la sedició. Condemnen l'exercici de drets fonamentals. Esdevenen executors d'un Estat presoner de la por d'escoltar la societat.

El reguitzell de despropòsits és gran, i igual que diuen, posem per cas, que el tribunal no dubta en cap moment de la meva actitud pacífica i noviolenta (però que res, condemna!), em castiga per incitar a la violència. En potència, suposo, perquè s'ha demostrat que, per part nostra, de violència no n'hi va haver, ni n'hi podia haver hagut, ni el més petit indici.

El poder judicial espanyol, però, és especialista en una maniobra que en cap Estat democràtic no passaria la prova del nou: no deixa que cap fet li espatlli el relat que se n'ha fet, de tot plegat. I així, per exemple, sense despentinar-se pot justificar una condemna en la interpretació de sentiments o intencions, i bandejar els actes que ho contradirien (i què, si els actes queden corroborats per vídeos, fotografies, àudios, el que vulguis, i què importen les proves materials quan màgicament els jutges coneixen les veritables voluntats ocultes?). El sistema és dir que sí, que entesos, que tu vas dir això i fins i tot vas fer això, d'acord, t'ho acceptem, però en realitat volies dir allò i fer allò altre també, i allò i allò altre sí que és punible.

Un dels principals problemes de l'Estat espanyol, d'aquesta democràcia que amb prou feines si sap embastar, és que té peus de fang per aguantar que uns ciutadans reivindiquin el dret a decidir el seu futur polític. I l'única resposta que sap donar-hi és la repressió. Que tampoc no li soluciona res: per un moment li pot semblar que sí, que atemoreix i fa callar, però de seguida comprova que el silenci era un miratge i que un problema irresolt continua sent un problema. L'elefant que hi ha a l'habitació encara que no el vulguin veure.

I cada vegada més gros.

M'havia preparat tant per estar-me vint anys a la presó, que no hi comptava, amb tot això. Vint anys, pensava, sí. Ara m'adono que potser em vaig passar de frenada, però era millor així. Ho vaig fer a consciència. A Soto del Real. Passats els primers tres mesos d'estupefacció. Mentre feia voltes al pati, vaig esforçar-me a visualitzar la meva vida quan en sortís, passats vint anys. Assumir que en tindria seixanta. Comprendre que el temps a dins també havia de ser temps meu. Aquesta obvietat. Vida viscuda. Estava tan sol, allà, i al pati, caminant, en tenia una percepció tan clara, que em vaig dir: assumeix-ho i ressitua't. I, sobretot, pregunta't: com vols viure aquests anys? Quina cara vols trobar-te al mirall?

Posar-me en aquest escenari a llarg termini em va ajudar a mantenir-me fort. M'hi ha ajudat sempre: no esperar que sortirem «abans de Nadal», ni «abans del judici», ni amb cap de les dates que uns o altres, per lògica processal o per tenir-hi esperança o per intentar transmetre-la, han anat aventurant al llarg del temps. No esperar ni tan sols el trasllat a presons de Catalunya: de tant en tant en corrien rumors, que si el Govern espanyol s'hi avindria, que si aquest ha dit que no hi ha traves, que en quinze dies hi serem. Doncs molt bé. Sempre he intentat fer-los veure que cal agafar forces i tenir esperança, però no fer-se il·lusions en el curt termini. I, sobretot, que això no fos moneda de cap negociació. Cap crèdit al peixet dels rumors, perquè amb això jugaven. Peixet per estovar-nos i per distreure'ns de l'única solució possible: posar-nos en llibertat, sense càrrecs. Són maneres d'encarar les perspectives. Jo he preferit no treure cap data a la palestra. Ni per al trasllat ni per a la llibertat (provisional o sense adjectius), ni després per al tercer grau ni per a res. I així evites també decepcions potencials. I les conseqüents fragilitzacions potencials. Sí, el fantasma de les expectatives.

Potser per aquesta raó després vaig viure la possibilitat de sortir durant unes hores, de tenir això que en diuen «permisos», amb certa tranquil·litat. O, més ben dit, sense ànsia.

No hauríem d'oblidar mai que això que preteníem fer és seriós: separar Catalunya d'Espanya. I que és de debò. Cap *farol* per part meva ni d'Òmnium. Que com a país ens hem quedat curts, que no hi hem arribat (encara), però que déu-n'hi-do, el que hem fet. Per tant, des d'aquest punt de vista, la reacció d'un Estat que té marcada a foc a la Constitució la seva «indissolubilitat» havia de ser forta.

Ara que escric, fa gairebé quatre anys que soc a la presó. I quatre anys en la vida d'una persona en són molts. Però per a la història d'una nació són un no-res. I el que volíem fer no era per a quatre anys, era per canviar la història. Així que, si passats aquests quatre anys, he pogut estar, per fi, un Nadal a casa durant unes hores... doncs benvingut sigui el permís quan arriba! No vull ni imaginar què hauria estat de les nostres vides fa tan sols unes dècades.

En tot cas, una cosa important és acceptar el fet indiscutible que ets a la presó. Acceptar-ho per poder-ho transformar. I això no vol dir resignar-s'hi ni renunciar a continuar lluitant.

Un parell de setmanes abans que es conegués la sentència, el setembre del 2019, per ordre de l'Audiència Nacional i amb un gran desplegament-escenificació de la Guàrdia Civil, van detenir nou persones dels CDR. Escorcolls amb imatges que després es filtraven als mitjans, acusacions estratosfèriques, dures, absolutament irreals, que si «grup terrorista de caràcter secessionista», que si rebel·lió, que si parlem de violència encara que no n'hi hagi, parlem-ne i fem com si i tornem-ne a parlar tantes vegades com ens interessi per justificar aquests nous empresonaments, per bastir el relat general, perquè no soni tan estranya la condemna que de seguida se sabrà.

En van tancar set a la presó de Soto del Real. Tres mesos després els van deixar anar. Mentre els van tenir allà, els van aplicar el règim FIES3, fitxers interns d'especial seguiment, en la categoria de banda armada: intervenció de les comunicacions orals

«Obro la finestra de la cel·la i m'arriba la música de l'esplanada de davant la presó. És ple de gent.»

DIETARI, 31/12/18

i escrites i de revistes i llibres; escorcolls periòdics de la cel·la; dues hores de pati diàries i la resta, àpats inclosos, tancats; negació de l'assistència a cap mena de taller o mínim esbarjo i un etcètera sinistre de controls i de restriccions que converteixen aquest règim en una presó inhumana dins de la presó.

Des de l'estiu, durant l'agost del 2019, havien aparegut les primeres accions de Tsunami Democràtic. Per tot el país. Amb dos missatges potents: l'un, preparem la resposta a la sentència; l'altre, la força de la gent. Aquell xup-xup, a alguns, els omplia de preocupació. Alguna cosa es pastava; tot feia pensar que les mobilitzacions serien diferents de les que hi havia hagut fins aleshores, i realment ho van ser. Però això ho vam saber després. Perquè al país de les filtracions no n'hi va haver cap ni una que donés pistes d'allò que es preparava.

Aquelles detencions de la gent dels CDR eren pròpies del mateix Estat desesperat que no havia pogut trobar enlloc, mai, les urnes del referèndum.

La notícia d'aquella nova operació em va arribar just el dia que naixia el meu fill Camí, i el segon net de la Carme Forcadell. Com per no deixar que ens oblidéssim mai de l'altra cara de la lluna.

No hem de perdre de vista que les detencions, la persecució, la intimidació, l'ús sempre fosc dels fons reservats, de les clavegueres, espanten la gent. Espanten qui ho pateix directament i qui en té notícia. De fet, aquest n'és un dels objectius. Sobretot si no hi estem mentalitzats. I no n'estem. O no n'estem gaire. Encara.

En tot cas, podem dir que l'Estat feia la seva part, amb les seves eines, per intentar crear un ambient determinat. I per mirar de dur-nos a l'espiral d'acció-reacció permanent i precipitada que ens situés en un escenari a la mida dels seus interessos.

L'Estat feia la seva feina i, de la nostra banda, ja era més complicat. La resposta que articulava la societat civil davant de la sentència sí que anava prenent cos: mobilitzacions, vaga, però, en canvi, la del Govern no acabava de trobar consens. Tot i que havíem dedicat no pocs esforços a intentar aconseguir-la, va arribar un punt en què vam haver d'assumir que ni hi era ni tenia sentit de continuar-la esperant. A la trobada que vam poder fer amb en Marcel Mauri i en Jordi Bosch en representació de l'executiva d'Òmnium quan ja sabíem que la sentència era imminent, hi vam repassar succintament les mobilitzacions que de seguida tindrien lloc, és clar, perquè en un judici polític la resposta a la sentència també ha de ser al carrer (és l'obsessió d'Òmnium de treballar perquè tot el que passés a la sala del tribunal tingués una rèplica al carrer, perquè tot el que es digués al carrer es pogués reproduir literalment dins de la sala), però també vam dedicar aquell temps preciós a un cert recolliment, un mirar-se als ulls, un silenci i un transmetre'ns coratge davant de l'esdevenidor.

Que em sap greu si sona tirant a ampul·lós, ara que ho escric, però és que va ser tal com dic.

No va ser cap gran sorpresa ni cap gran res.

Quan ens van comunicar la condemna, vull dir.

Vaig telefonar a casa. La Txell canviava el bolquer al Camí.

Van ser cinc minuts bonics. Normals. La manera que va trobar la Txell de dir-me que sempre endavant, que continuava forta.

Barcelona es va col·lapsar. I el país amb ella. La resposta va ser contundent. Riuades de gent convocades per Tsunami Democràtic van anar a l'aeroport del Prat. Aquell llarg camí d'aprenentatges i de transformació. La força de la gent. Amb tren, amb metro, amb cotxe, a peu. Cap a l'aeroport. Per ocupar-lo. Quina reacció! Allò permetia endevinar una altra forma de mobilitzar-se. D'autoorganitzar-se, també.

Al final del dia, les imatges dels antiavalots dels Mossos disparant contra les persones concentrades a l'aeroport se't clavaven a l'ànima, de Lledoners estant. Un ull rebentat, el primer d'aquella tardor. Els Mossos. Inexplicable. Intolerable. Poc després que Tsunami difongués un vídeo de Pep Guardiola, en anglès, donant suport a la mobilització noviolenta.

L'endemà, Òmnium es va plantar, juntament amb l'ANC, al davant de la delegació del Govern espanyol. La Guàrdia Urbana parlava de quaranta mil persones.

Però van continuar les imatges horribles de càrregues contra manifestants. Que eren joves, principalment. A Urquinaona i fora d'Urquinaona. Amb escuts pintats de versos contra els projectils, contra aquell acarnissament, aquell abús de poder. Contra el jovent revoltat. Contra els periodistes que ens ho explicaven. Van buidar quatre ulls. Quatre ulls, Déu meu! Hi va haver trenta-un joves detinguts. Les acusacions i les persecucions encara duren. Els processos judicials s'allarguen i s'escampen com qui rega a manta. Algú em pot explicar quin futur espera als nostres joves si no lluiten?

I ara deixeu-me recordar aquesta obvietat: que la gent jove és el futur. I encara una altra: que té tot el dret del món a desobeir tantes lleis injustes com calgui, tantes com li facin de tap, de mordassa, de cleda. No tingueu cap por de la repressió perquè només si no tenim por serem capaços d'ensortir-nos-en com a poble.

Dos dies després de la sentència, hi va haver vaga general. Tan potent o més encara que la del 3 d'octubre del 2017. La força de la gent, de nou. Reflectint la realitat: que la condemna desbordava fins i tot l'àmbit independentista, que interpel·lava absolutament tots els demòcrates, tots els moviments socials, i posava a sobre de la taula la necessitat de fer visible el gran consens de país pels drets civils i polítics, el dret a la dissidència, a la manifestació, a la llibertat d'expressió i de reunió, i, òbviament, el dret a l'autodeterminació.

I la millor manera de preservar els drets és exercint-los, exercint-los amb tota la força del món, i més encara quan estan en perill.

Malgrat la indiferència formal dels grans sindicats (que, tanmateix, finalment es van veure obligats a donar llibertat d'elecció als afiliats). Malgrat la incomprensible inexistent resposta institucional (l'Estat acabava de condemnar la presidenta del Parlament, el vicepresident de la Generalitat, cinc consellers; la societat catalana ha estat sempre compromesa en la defensa de les seves institucions; em sembla que podem dir clarament ara que la resposta de les institucions no va estar ni de bon tros a l'altura de l'hora greu). Malgrat la manca d'estratègia compartida entre partits polítics i l'obsessió constant (i estèril, a efectes de país) de prioritzar la pugna electoralista. Malgrat el dolor. Malgrat tot això, més de mig milió de persones arribant en columnes a la capital en aquelles impressionants Marxes per la Llibertat convocades juntament amb l'Assemblea. Ho escric i em torno a esborronar. La gent hi és. No ho dic en passat: hi és.

Un cartell alçat pels estudiants a la plaça Universitat, símbol de la indignació més jove que sap que del seu dret a la protesta i a la lliure expressió en depèn el dret a viure una vida digna: «Mama, no he anat a classe però estic fent història».

Un Estat que acaba de condemnar a un segle de presó nou persones per cridar a mobilitzar-se i per la convocatòria d'un referèndum, per votar, activa tots els seus altaveus mediàtics per criminalitzar les formes d'expressió d'una protesta perfectament legítima. Revivim la demagògia dels cotxes destrossats —per autors sense identificar— de la concentració del 20S a Barcelona. Amb la presó preventiva de joves manifestants com a eina d'escarment; la por de l'Estat davant el poder de la lluita noviolenta és notable i la criminalització de la protesta ara té l'aval de la sentència del Suprem.

Després van venir els talls a la Jonquera. I en altres llocs del país. La lògica repressiva de l'Estat reaccionava amb la fúria d'una bèstia ferida: del ministre de l'Interior a l'Audiència Nacional, que posava en marxa una investigació per «indicis de terrorisme». Terrorisme, per manifestar-se! El 2019. La Maria Arnal canta Joan Brossa: «la gent no s'adona del poder que té». De vegades, sí que se n'adona.

L'Estat, també.

El PIT. Escrit així en majúscules perquè és el mot que formen les sigles del programa individualitzat de tractament. A final del 2018 em van dur, acció rutinària, aquest document per signar. Ja era a Lledoners, al Bages, tan a prop de casa però dins d'una presó. De fet, i així m'ho van repetir cada vegada que hi objectava, en allò, en aquell PIT; hi veien tan sols part del procediment: «És la plantilla», responien a cada negativa, a cada argument.

La tirania de les plantilles, dels formularis.

En nom de les plantilles, del sempre es fa així i ara toca això, donem per bo signar coses que ni s'ajusten a la realitat ni estem conformes a signar. Però són la plantilla. I tothom ho fa.

El PIT, entenguem-nos, és l'assumpció que el que has fet és delicte, l'acceptació del programa de rehabilitació que et planteja la presó si vols anar sortint de permisos, etc. En aquests termes s'explica genèricament des dels serveis penitenciaris autonòmics, i dins d'aquests termes pretenien de fer-m'hi encabir. Com si em calgués un «programa d'intervenció psicosocioeducativa» per tal de «modificar l'estil cognitiu, les emocions i les conductes de l'intern entrenant els subjectes en les competències necessàries per a una vida socialment adaptativa». I per evitar, és clar, la reincidència.

Res de tot això no tenia res a veure amb el nostre cas. Se situava, de fet, a anys llum del nostre cas. I no, no era un paper de tràmit que signes i ja està. Tenia pes i significació. Aquesta acceptació dels termes. Aquesta tergiversació. Quina reincidència s'havia d'evitar? Què se'ns havia de modificar? Quines conductes? Quins sentiments? És que no teníem un govern que ens reconeixia com a presos polítics?

«Més enllà del nostre judici hi ha la fi de l'exili, de la repressió: per això cal reivindicar l'amnistia.»

DIETARI, 7/8/20

Que poc exigents que som amb la nostra signatura i que permissius que ens tornem amb la plantilla.

Educadament, somrient, vaig dir que no. Jo no necessito cap tractament. No.

Hi va haver mobilització general: en cosa de vint minuts van venir l'educadora, la psicòloga i la subdirectora de tractament. Sempre de bones maneres, professionals. Cada sis mesos es revisava el PIT i cada vegada ho tornaven a intentar. Un comentari com qui no vol la cosa. Un recordatori de què podria passar-me si continuava sense signar-lo. Que el formulari és el formulari. Que caldrà per canviar de grau, per als permisos.

I jo que no, que gràcies.

No va ser Palau i Fabre qui va dir que la llibertat és difícil quan no s'hi està avesat? Doncs això. Cal ser-ne conscient. I actuar a consciència. Mentre el cos aguanti, no signaré mai res que comporti una acceptació de la pena, un considerar que vam cometre cap delicte.

Mai cap impostura.

La llibertat és difícil però ens hi hem d'avesar.

És una qüestió de dignitat però alhora de felicitat.

Saber sempre que ets a la presó no pas per lluitar per sortir-ne, sinó per aconseguir els objectius polítics que t'hi han portat: que jo no dic que sigui fàcil, però que aquesta premissa, potser convertida en frase més guarnida, en vers o aforisme, hauria de presidir els nostres dies.

«El carceller també és presoner dels seus condemnats.»

DIETARI, 14/10/18

Nostres: dels presos polítics.

Perquè ni la presó ni la repressió no poden ser mai un límit per a les aspiracions que tenim com a nació.

Entenguem-nos: jo no desitjo ni la presó ni l'exili a ningú. És tan sols que hem de saber i comprendre que l'Estat espanyol no ha mostrat cap símptoma real d'haver canviat la manera de fer, aquesta resposta sistemàtica amb la porra contra la lliure expressió democràtica de la societat catalana (i no només de la societat catalana, val a dir). Cap símptoma real, més enllà de les ondulacions d'interès electoral; més enllà, fins i tot, dels moviments que hagi de fer obligat per les circumstàncies internacionals. Ben mirat, quin continua sent el seu principi intocable, immutable, inqüestionable en plena crisi de valors democràtics al planeta, de retallades en drets i llibertats, al bell mig d'una emergència climàtica devastadora? La unitat d'Espanya.

Però la voluntat de l'Estat espanyol d'adulterar la democràcia i controlar Catalunya a qualsevol preu sempre queda superada per les urnes. Sempre, sempre. Aquesta és una lliçó potentíssima. I, quan diem urnes, pensem en l'1 d'Octubre, evidentment. Però és que després el va seguir el 21 de desembre, aquell mateix 2017, en les eleccions autonòmiques imposades. I després encara, després de tanta presó i de l'exili que no s'acaba i dels més de tres mil represaliats, al bell mig de la pandèmia, el 14 de febrer del 2021. I ho vam tornar a fer. I de quina manera: amb un 52 % de vot independentista.

La pregunta, per tant, és fins on estan disposats a mantenir, el Rei d'Espanya, els poders de l'Estat, els nivells de repressió abans d'encarar democràticament la resolució del conflicte polític? I també: quin nivell de desprestigi internacional es pot permetre pagar l'Estat espanyol per preservar a la força la seva unitat?

Però potser hi ha una altra pregunta més pertinent encara: quina capacitat de resistència estem disposats a mantenir nosaltres? Quanta més gent a la presó? Vull dir, no pas absurdament ni com a cosa buscada, és clar, sinó, simplement, com a amenaça que no ens pugui coartar en la defensa de la democràcia. Perquè, sovint, resistir també vol dir vèncer, i fa que arribi el dia en què, potser sense acabar-te'n d'adonar, resulta que comences a guanyar.

Martin Luther King: «Sabem per una dolorosa experiència que la llibertat no la concedeix mai voluntàriament l'opressor. Sinó que l'ha d'exigir l'oprimit.» Ja ha estat dit. Ja ho hauríem de saber. Quina és la capacitat de sacrifici, tant individual com col·lectiu, que estem disposats a suportar? Ho assumirem com ho van fer els pares de milers d'insubmisos? Fins on? Fins quan?

Estar disposat a assumir les conseqüències de les accions pròpies i mantenir-se ferm davant la repressió de l'autoritarisme: són conceptes tan fàcils d'entendre com difícils d'acceptar. I és clar que pots buscar mil excuses, i de segur que en trobaràs de convincents, però al final només et queda ser tu mateix el canvi que voldries veure en els altres. Vet aquí les coses que passen quan tornes a llegir Gandhi: que no pares de subratllar, que recordes com la lluita noviolenta i la desobediència civil ha aconseguit, tantes vegades, capgirar la història, i que t'incomodes, també. Perquè t'interpel·la i et preguntes si ja fas tant com podries. I perquè saps que la resposta sempre és que no.

«Ho tornarem a fer», l'expressió, el significat comprès dins d'una frase d'aparença tan senzilla, no és sinó una petita bomba de rellotgeria dialèctica llançada al bell mig d'aquella sala pomposa del Suprem. Llançada amb tota la delicadesa i la premeditació. Perquè petés passat un temps. Com així ha estat, quan comencen a preguntar als nostres polítics: «Vostè també afirma que ho tornarem a fer?» Si ningú no va trobar convenient de dir-ho a la sala del judici, després ho van haver de dir a fora.

I ara és fantàstic constatar fins a quin punt ja no ens pertany, aquest «ho tornarem a fer», ni a Òmnium ni a mi; fins a quin punt forma part d'un imaginari compartit: tornar-ho a fer, fer-ho junts i, sí, fer-ho millor.

«Ho tornarem a fer» també és la manera de dir a l'Estat espanyol que, com a activistes i militants del moviment sobiranista, no renunciem a res del que hem fet, que ens en sentim responsablement orgullosos; que tard o d'hora haurà d'afrontar democràticament el conflicte polític perquè la presó, l'exili, la repressió i la brutalitat policial (que fins ara són les úniques respostes que ha donat) no són suficients per acabar amb les aspiracions d'una societat que no renuncia a cap estratègia noviolenta per aconseguir les seves demandes legítimes. Per contra, la repressió no fa sinó recordar-nos que construir la República catalana és una urgència. I una oportunitat també. Necessitem que sigui diferent.

Per poder donar resposta a les necessitats reals de la ciutadania, precisament. Ara l'Estat ens tomba les lleis de l'habitatge i contra la pobresa energètica mentre un de cada quatre catalans viu en risc d'exclusió social (un de cada quatre!) i patim el dolor de veure veïns que es treuen la vida abans de ser desnonats. Ni set, ni fred, ni foscor, això vol dir la vida digna. I mereixem un Estat propi que defensi els interessos de la gent. Tan senzill com això.

Dins d'Espanya, la crisi democràtica se'ns hi mantindrà. I aquesta és una constatació que no hem de perdre de vista. Perquè la realitat és que tot això que diàriament vivim en xifres esfereïdores (un de cada quatre, gravem-nos-ho al cor) es podria il·lustrar amb dues imatges contraposades, dràsticament i dramàticament contraposades en la primera fase de la pandèmia de la Covid-19: d'una banda, els militars protegits fins a les dents i representant la comèdia de la desinfecció en uns aeroports que l'Estat es negava a tancar; de l'altra, als hospitals, els sanitaris coberts de bosses de plàstic i improvisant com podien barreres contra el virus per falta de material. És més que ineptitud, això. Aquelles rodes de premsa infames amb els militars en primer terme i el ridiculíssim vocabulari de guerra: l'Estat espanyol, enfocat directament per la llum de la realitat, va mostrar descarnadament les seves mancances. I va evidenciar de la pitjor manera possible això que ja sabíem: que no serveix.

Vaig deixar d'escriure el dietari. No em pregunteu per què. Entre la sentència i el confinament inicial per la Covid-19. Cosa de cinc mesos. Que van coincidir amb les primeres sortides. Intenses, emocionants, trasbalsadores. El permís de quaranta-vuit hores que vaig tenir el 16 de gener del 2020, dos anys i tres mesos exactes després d'haver-me tancat a la presó. El període inicial d'aplicació de l'article 100.2.

Van ser uns mesos estranys i intermitents i de viure a consciència la provisionalitat de cada moment. Amb l'afegitó de les restriccions per la pandèmia. L'article 100.2 del reglament penitenciari permet aplicar situacions de tercer grau (el més obert) a presos que encara estiguin en segon grau (el del mig, diguem-ne: el primer seria de tancament a la cel·la), i amb aquest mecanisme vam poder anar sortint a treballar durant uns quants mesos. La presidenta Carme Forcadell, la Dolors Bassa, en Quim Forn, en Jordi Sànchez i jo. Quan la pandèmia no ho impedia. Dormint a la presó, però treballant a fora. Comptant que en tornar havíem de passar temporades en quarantena a la cel·la abans no ens feien els tests preceptius. Tenint un peu a cada banda i mirant d'aprofitar cada minut fins que el Tribunal Suprem va trobar insuportable veure'ns mig fora i va fer una maniobra per prendre el comandament i la competència de l'Audiència Provincial i determinar que ens quedàvem sense aquelles hores.

Cap a dins un altre cop.

Que ja m'hi havia intentat mentalitzar. Però que va ser dur. Ens va afectar a tots. Suposo que precisament per això ho van fer.

Jo dinava amb la Txell i els nens a la piscina municipal de Tarrés. Era el 28 de juliol del 2020, un dimarts; feia deu dies que tenia tercer grau i ja no en vaig fer cap més. La notícia que ens feien tornar a la presó aquella mateixa tarda havia saltat als mitjans, corria com la pólvora i de seguida es va estendre entre la gent que també dinava allà. Quan ens n'havíem d'anar, es van anar alçant i ens van acomiadar amb un aplaudiment espontani, sentit, inoblidable. Ho escric i se'm fa un nus a la gola.

Òmnium Cultural va organitzar ràpidament un acte unitari davant de la presó de Lledoners. Cadafal, micro i pensa, Jordi, què has de dir. Vaig parlar com si tingués al davant en Carles d'Arbeca, aquell xicot que tot just feia unes hores m'havia interpel·lat de sobte a la piscina mentre jo marxava: n'era un dels socorristes i em volia abraçar i explicar que amb els seus companys de facultat havia participat en les protestes d'Urquinaona contra la sentència. I que n'estava orgullós. I que sentia una indignació gran. Quanta força continguda dins dels ulls! Em va dir que ho tornarem a fer i li vaig respondre amb una petició: no us deixeu aigualir el somni.

No ho va dubtar ni un segon:

—Mai.

Les places

El mateix dia que vaig viure trasbalsat per la primera visita que rebia al locutori de la presó de Soto del Real, el mateix dissabte que m'embadalia amb les dues dentetes del meu fill Amat, potser fins i tot en aquell mateix moment d'emocions contradictòries, mig milió de persones clamaven «Llibertat» als carrers de Barcelona.

Mig milió, que aviat és dit.

Mig milió segons la Guàrdia Urbana.

I ja sabem que sol fer curt.

Potser perquè hem viscut tantes mobilitzacions, i tan intenses, i tan brutalment multitudinàries, i tan coloristes també, ens pot passar que acabem acostumant-nos-hi i deixant-ho de valorar. Com si fos normal. I no ho és gens. Això que ha passat a Catalunya no passa enlloc, aquesta grandiosa i prolongada mobilització cívica per la llibertat. Que ha anat canviant en la forma exterior, que ha anat passant de l'alegria inicial (recordem-la sempre, perquè ens va definir el fons d'això que fem) al posat seriós, indignat davant de la repressió, certament; que ha anat canviant i que, tanmateix, continua empesa per la mateixa força constructiva, per la mateixa perspectiva, fins i tot necessitat, de proposta en positiu.

«La gent és el motor de tot això.
Farem bé de no oblidar-ho mai.»

DIETARI, 14/10/19

Mig milió de persones: des de Soto del Real, la informació d'aquella (nova) fita va anar arribant amb comptagotes i de manera molt esbiaixada, tal com arriba tot a partir del moment en què queda supeditat als impediments de la presó i dels mitjans espanyols.

«La proposta de diàleg i negociació haurà de ser atesa per part de l'Estat.» Això vaig escriure a la llibreta-dietari el 22 d'octubre del 2017, l'endemà de la manifestació multitudinària que reclamava la llibertat d'en Jordi Sànchez i la meva.

La llibertat dels Jordis.

Quines coses que passen: l'etiqueta va ser un invent de la premsa espanyolista, tan aplicada sempre a col·locar malnoms despectius. Suposo que pretenien convertir-nos en una espècie de banda de malfactors, *els Jordis*, com si fóssim els Dalton, però hi van fer un pa com unes hòsties: a Catalunya va tenir l'efecte contrari i, en una interessant combinació de cosa propera i alhora general, els Jordis ens vam convertir en la representació de la societat civil. Empresonant-nos a nosaltres dos, s'havia empresonat, de fet, una part molt important de la ciutadania. Ben mirat, l'Estat espanyol va aconseguir que dues persones relativament desconegudes passéssim a tenir una popularitat que no ens traurem de sobre fàcilment.

D'entrada, no n'havia vist imatges, d'aquella manifestació. La Maruja me n'havia fet cinc cèntims per telèfon. Alguns presos socials també me n'havien explicat detalls. Que va ser un èxit preciós, ho vaig copsar de seguida. A mesura que en va anar arribant informació, la marxa multitudinària va prendre encara més dimensió i importància. El president del Govern espanyol, Mariano Rajoy, havia anunciat que activava l'article 155 de la Constitució. És a dir, la presa de control de les institucions catalanes. I la resposta va ser que la mobilització encara va créixer més. I que en Camil Ros, secretari general de la UGT a Catalunya, hi va fer un discurs valent, i que per a ell no era fàcil. I que hi va assistir el president Puigdemont. I el vicepresident Junqueras. I la presidenta Forcadell. I amb ells, el poble, i viceversa. Sí, viceversa.

L'article 155.

Que pràcticament no sabíem què era, que el tenien guardat per a les grans ocasions i que van considerar que aquesta ho mereixia. «Si una comunitat autònoma no compleix les obligacions que la Constitució o altres lleis li imposen, o actua de manera que atempta greument contra l'interès general d'Espanya, el Govern, previ requeriment al president de la comunitat autònoma i, en el cas que no l'atengui, amb l'aprovació per majoria absoluta del Senat, podrà adoptar les mesures necessàries per tal d'obligar-la al compliment forçós de les obligacions esmentades o per tal de protegir l'interès general esmentat».

Aquell dia, mentre rebia els ecos de la marxa humana que expressava alhora protesta i fortalesa en una convocatòria de més de quaranta entitats del país aplegades sota el paraigua de la Taula per la Democràcia, encara no ens podíem imaginar l'abast de la violència institucional que significava el 155. Un cop superada aquella barrera, tota la resta ja era i serà sempre menor. Potser aquest era el límit al qual ens calia arribar per ser conscients que, si bé en alguns casos s'han forjat departaments amb vocació de poder, l'estructura real de la Generalitat està sota control estricte de l'Estat espanyol. Val més saber-ho, encara que potser no calgui dir-ho cada dia. Potser era més plàcid viure sense voler-ne ser conscients, però per actuar és important saber que els poders de l'Estat no senten ni el més mínim respecte per les institucions catalanes. Que poden carregar-se tot un president de la Generalitat per una pancarta i quedar-se tan tranquils.

Que no ens respecten les institucions i, sobretot, que no senten cap tipus d'obligació de respectar-les.

«La proposta de diàleg i negociació haurà de ser atesa per part de l'Estat», efectivament. Ho vaig escriure aleshores i ho mantinc. Amb tot el que ha passat, la presó que no s'acaba, l'exili, la persecució, ho mantinc.

Ens volen dividir entre partidaris del diàleg i de la confrontació, però resulta que la defensa permanent del diàleg, de la negociació, forma part de la confrontació democràtica amb aquells qui volen condemnar la llibertat d'expressió i el dret a la protesta. Mai no renunciarem al diàleg, tampoc amb els qui ens voldrien veure molts anys a la presó. La confrontació, per la seva banda, si no està amarada d'una coherència irrefutable serveix de poca cosa en el llarg termini. En tot cas, tampoc no hauríem de perdre de vista que confrontar amb l'Estat i ser-ne més no són objectius antagònics, sinó complementaris. I que exagerar els matisos i caure en la simplificació, repartir etiquetes diferenciadores o trobar-s'hi bé per simple tàctica electoral, no aporta res de positiu al camí que inevitablement hem de fer junts. Ni confrontar de manera decidida no porta a perdre, ni la voluntat de diàleg no és cap símptoma de fragilitat. Al contrari.

Mantenir aquesta convicció de diàleg, de negociació, aquesta aposta estratègica, no significa, deixeu-m'ho dir pel broc gros, fer el préssec. La taula de negociació serà útil si ho és en el marc d'una estratègia compartida pel conjunt del sobiranisme, escoltant la veu de la ciutadania i sense ser una arma llancívola entre partits. I sobretot, que hi hagi una voluntat real per part de l'Estat espanyol. La resta, cortines de fum que no ens durien enlloc més que a la frustració. És a dir, que no hem d'acceptar-ho com un bé absolut, que en una negociació els resultats hi són exigibles i que també hem de ser conscients de com se les gasta l'Estat espanyol i quines són les seves capacitats, no només de maniobra, sinó de joc brut i de mentida: igual que farà quan ja sigui a la negociació, abans, per tal d'evitar d'arribar-hi, embolicarà la troca tant com li convindrà.

Res de nou a l'oest. Res que hagi de fer-nos desdir del camí que ens interessa. Nosaltres som la gent de la negociació. Som la gent de les urnes. La gent de la democràcia. No ens deixem robar aquesta bandera, i encara menys a ulls del món.

Que sabem com se les gasten. Que tenim memòria. Que tan sols es mouen quan les circumstàncies els obliguen. Diguem-ne circumstàncies, diguem-ne Europa, diguem-ne correlació de forces. L'Estat és l'Estat, i per defensar-se en el seu enrocament pren contingents d'una banda i de l'altra de l'espectre polític. Vull dir, per exemple, que quan ens en vam adonar, ja feia més dies que érem a la presó amb Pedro Sánchez fent de president espanyol que no pas amb Mariano Rajoy.

Al mig del confinament, tancat a la cel·la d'on només podia sortir cosa de mitja hora al migdia o tres quarts al capvespre per estirar les cames, vaig començar a llegir Erich Fromm. Crec que els llibres, i la insistència, m'havien arribat per part de Xavier Antich i Jordi Gabarró, els meus prescriptors de capçalera. Una nova descoberta.

«L'acte de desobediència com a acte de llibertat és el principi de la raó.»

I aquesta altra: «Legítima desobediència: una persona pot arribar a ser lliure mitjançant actes de desobediència, aprenent a dir que no al poder. Però no només la capacitat de desobediència és la condició per a la llibertat; la llibertat és també la condició de la desobediència. Si tinc por de la llibertat no puc atrevir-me a dir que no, no puc tenir el coratge de ser desobedient. La llibertat i la capacitat de desobediència són inseparables; d'aquí que qualsevol sistema social, polític i religiós que proclami la llibertat però reprimeixi la desobediència no pot ser sincer».

Exigim-nos sinceritat.

«Jo soc poc dels vostres.» Ho deia Ismael Peña-López, això, sovint. Un home curiós, molt intel·ligent i que, des de la Junta d'Òmnium, va dedicar temps i energia al procés constituent. Perquè hi veia una oportunitat de progrés col·lectiu, per la participació oberta, pel que fos. Hi va posar el coll i, amb tot, no s'estava d'anar repetint això, de tant en tant: que es considerava «poc dels vostres». Amb el temps i per sort, tots anem comprovant que el país té molt poc de «vosaltres» i molt més de «nosaltres». Perquè, com diu Pol Guasch, quan diem «tothom» no pensem mai en qui en queda fora.

I aquesta és la clau.

Diria que no l'he haguda d'aprendre com en una lliçó, sinó que me l'he trobada, de manera natural, en la pràctica i l'exemple dels tres homes que més m'han marcat, humanament i políticament, a la vida: Josep Ventura, a qui considero el meu mentor, una persona recta, compromesa, treballadora i valenta que em va ensenyar a no tenir por; el meu oncle Navarro, i un altre Josep, l'Umbert, un home dedicat al món de l'esplai: ell em va fer confiança quan el coordinador se'n va anar, va deixar que ens autoorganitzéssim i va aconseguir que veiéssim que ens en podíem sortir. I ho vam fer. Vet aquí un altre dels aprenentatges naturals de l'esplai: fer que les coses passin, procurar que tothom en gaudeixi, no perdre mai de vista la dedicació a aquell «nosaltres» que comença en la mainada. Oferir-li un tast del món que ens mereixem, modern i arrelat, amb estima pel país, per la llengua, per la mar i les muntanyes. I, a sobre, passar-s'ho bé.

Com més hi penso, més m'adono de la força i el vigor de l'obra de Josep Umbert. Bevent de la font de Casaldàliga i Buxarrais, ell i uns pocs més han erigit una autèntica estructura de cohesió social a Santa Perpètua de Mogoda que ja fa més de cinquanta anys que funciona, i és que el Centre d'Esplai El Refugi continua acollint cada setmana centenars d'infants i joves que juguen i que aprenen i que se'n van de campaments i que pregunten i que proposen. Compromís amb el bé comú. Solidaritat. Treball de base. El

«27 d'octubre del 2017. El Parlament ha aprovat
la Declaració d'Independència a les 17 h.
Les places són plenes. 70 sí, 10 no, 2 blancs.
Rajoy acaba de destituir tot el Govern i convoca
eleccions per al 21 de desembre. És un dijous,
se'm fa molt difícil fer cap previsió i reconec que
em sap greu de mi mateix, però la distància em
fa ser molt curós. Sorprenentment curós.
27 d'octubre del 2017.»

Dietari, 27/10/17

Refu és d'aquelles coses importants que segur que no surten a les grans cròniques de la història però que resulta que la fan.

Cosir, cosir i cosir la societat, vet aquí la clau que ens obre tots els panys. Cohesionar-la, fer-la coneixedora d'ella mateixa, de les seves realitats diverses, dels seus orígens, dels seus parlars, de la seva idiosincràsia més elemental. D'allò que ens fa un més entre els homes, que diria Joan Maragall.

L'Estat espanyol ha provat d'aturar el moviment sobiranista per la via de la repressió, amb els empresonaments, l'exili, l'ofec econòmic i, sobretot, amb l'intent maldestre de confrontar sentiments de pertinença. Pretén així no haver de reconèixer l'evidència: que avui hi ha una part molt important de la societat catalana que no vol formar part d'Espanya i que això no significa ni tallar els llaços afectius que cadascú hi pugui tenir ni oblidar la fraternitat entre els pobles de l'Estat, que això senzillament significa que volem dotar-nos d'un Estat que ens sigui propi.

I no. No som la gent que esquinça, sinó la gent que cus. Amb l'agulla de la cultura que, com diu Clara Peya, si no és compromesa no ens interessa. A partir d'un «nosaltres» que només ens val si inclou tothom, si interpel·la tots els conciutadans, si cadascú hi veu reflectida la seva identitat i s'hi sent reconegut en lloc d'exclòs. Perquè aquí absolutament ningú no ha de renunciar als seus senyals d'identitat, sinó tot el contrari: aportar-los i compartir-los esdevé l'enfortiment i la garantia de pervivència per damunt de qualsevol prevalença. Perquè, òbviament (un «òbviament» superlatiu i escrit en majúscules i subratllat i marcat en fosforescent), tan català és qui vota que sí com qui vota que no, i perquè qui vota que sí a la independència té tot el dret del món a no renunciar a sentir-se català i alhora italià, espanyol o xinès. És l'assumpció de la complexitat humana: tothom té una identitat complexa, una i plural.

El concepte de «lluites compartides» beu d'això, precisament, d'aquest comprendre que caminem plegats i a favor del bé comú, de la voluntat de ser-hi sempre, al carrer i al costat dels nostres veïns. Ser-hi, i no pas anar-hi quan ens convé i per mers interessos de conjuntura. Ser-hi sempre. Superar l'espai de confort i ser allà, també, alhora. O, encara millor, que no hi hagi cap «allà».

Al capdavall, per poder-nos-en sortir com a país ens han de tibar les costures, hem de superar les falses comoditats monolítiques. I dic «falses» perquè ni són còmodes ni existeixen realment. M'esgota el sobiranisme que ha renunciat a continuar agradant. Com si ja es donés per bo, com si ja en fóssim prou. Doncs no, en la construcció d'un imaginari nacional mai no en serem prou, perquè està en formació constant.

Hauríem de tenir sempre present que una de les característiques que ens defineixen com a poble, una de les que més ens defineixen, és precisament el fet migratori. Som un país forjat amb l'esforç de les migracions vingudes d'arreu. De les migracions internes, la gent que va baixar del Pallars al pla, posem per cas, i de les que al llarg dels segles han anat arribant de tot arreu, i fent-nos com som, modelats precisament en aquest moviment continu. Hem d'actuar col·lectivament i desacomplexadament en la reivindicació d'aquesta nostra constitutiva diversitat. La premissa clau, que hauríem de trobar la manera d'estendre i popularitzar, és aquesta: fet migratori, orgull nacional.

Així som perquè així ens fem. Dinàmicament. Enfortint l'imaginari col·lectiu de país sense renunciar a res. Ni a la llengua, nervi de la nació, ni a les arrels ni als senyals d'identitat ni al folklore o a les propostes avantguardistes dels nostres creadors més internacionals: a res. Sense renunciar-hi i amb plena permeabilitat per acollir les aportacions pròpies de les noves migracions. Comprenent, per exemple, el significat de la premissa del bon amic Vicenç Villatoro que diu que «cultura catalana és tot allò que es fa en el conjunt dels Països Catalans, i literatura catalana és tot allò que s'escriu en català a qualsevol racó de món».

Aquest és un repte de pes, certament: sense renunciar a res del que ja ens és propi (i, en bona part, fruit de migracions anteriors), tenir la capacitat de lluir el fet migratori com a orgull nacional, i comprendre que és aquesta diversitat, precisament, que alimenta la catalanitat. Cosa que no significa ni anacionalitzar-nos, és a dir, convertir-nos en una pasta amorfa i sense identitat, despersonalitzada, aculturitzada i negligible, ni tampoc reclamar que les persones que formen i formaran part de les noves migracions quedin identitàriament diluïdes.

En aquest país, el fet migratori no és conjuntural, sinó que hi és de manera estructural en tant que forma part de la nostra realitat des de fa centenars d'anys. I és reivindicant-ho que enfortim l'imaginari col·lectiu de país. Posició que és de cor, que és positiva, que és del tot imprescindible per avançar i desenvolupar-nos. I que, a més, enforteix la legitimitat de les decisions que pren el poble de Catalunya.

Tot plegat connecta directament amb el llegat de Candel. Hauríem de tenir molt presents les seves ensenyances: no prescriuen mai.

No tinc clar que, amb la poca perspectiva temporal que encara hi ha, i pel fet que hi vivim encara immersos, i fent-lo, puguem establir sense retop quan és que va començar tot això, aquest procés nostre d'emancipació. Aquest cicle darrer i definitiu, vull dir. Segur que, a més, quan sigui l'hora dels historiadors, les dades, els documents, l'anàlisi determinaran la cronologia i el pes de cada fita que marquem al calendari per ordenar-nos el món. Però no costa gaire d'imaginar que, d'una manera o d'una altra, s'haurà de considerar i de tenir present el 10 de juliol del 2010.

Hi penso sovint.

En el mateix dia i en els que el van precedir.

En el temps en què es va pastar i propiciar aquella macromanifestació, el grandiós desbordament que va superar tots els entrebancs i totes les cotilles i totes les previsions i que va esdevenir el punt de partida simbòlic de la darrera onada del procés independentista català. L'inici del moviment que va fer volar pels aires el sistema de partits polítics a Catalunya i la relació que tenien amb els poders de l'Estat espanyol.

L'inici del gran embat. Fins ara.

Tot just si feia uns mesos que la nova Junta d'Òmnium Cultural, encapçalada per la Muriel, havíem començat a treballar, i el Tribunal Constitucional espanyol es pronunciava a favor dels recursos contra el nou Estatut d'Autonomia: tot i que s'havia votat i ratificat en referèndum, ara el deixaven retallat i minimitzat. La indignació era gran, fins i tot entre molts dels independentistes que hi havien votat en contra perquè el consideraven insuficient, i s'estenia com una taca d'oli. Calia fer-la visible, donar una resposta ferma i transversal al menyspreu explícit a la sobirania popular. I vam impulsar aquella manifestació. Ja s'havia anat parlant i consensuant mesos abans, amb tots els partits i les entitats, en previsió de la sentència. Mesos abans. I ara vull escriure el nom de Jordi Bosch, home que amb prou feines si surt mai esmentat als mitjans, membre destacat de la Junta que va presidir Jordi Porta i que va saber conduir aquelles reunions amb decisió i paciència. A ell li devem, possiblement, una part important de la pluralitat de molts dels actes unitaris que s'han gestat en aquest país la darrera dècada.

Per no quedar-nos tan sols en la queixa, per no romandre reivindicant un Estatut que ja no era i que ja no tindríem, copsant de fet el sentir majoritari, vam pensar-li el lema «Som una nació. Nosaltres decidim». I va comptar amb el suport de més de 1.600 entitats, dels sindicats, de tots els partits polítics representats al Parlament llevat de la dreta espanyolista. Allò era una veritable mobilització de país.

Quan, molt pocs dies abans de la data assenyalada, el president Montilla va declarar que la pancarta inicial no podia ser el lema escollit, hi va haver un terrabastall. No volia anar rere aquella pancarta, proposava la senyera muda, i tant d'esforç semblava que se n'anava en orris. Hi va haver reunions inacabables, trobades a diverses bandes, declaracions i contradeclaracions, molts silencis per part d'Òmnium i aquella sensació que la necessària resposta transversal penjava d'un fil. Però vam resistir. No podia ser que no hi fos el president, no podia ser que no hi fos el PSC; tampoc no podíem recular. Aquella manifestació havia de significar un canvi de pantalla col·lectiu, i, efectivament, va significar un canvi de pantalla col·lectiu. Vam optar per una solució singular, fins i tot estrambòtica, però va fer el fet: una senyera per al president Montilla, els presidents anteriors, Jordi Pujol i Pasqual Maragall, i els presidents del Parlament, Ernest Benach, Joan Rigol i Heribert Barrera; a banda i banda, i avançant a l'uníson, sengles pancartes amb el lema «Som una nació. Nosaltres decidim», i al darrere, una tercera pancarta, també amb el lema, per als representants de les entitats.

«Avançant a l'uníson» és ben bé una manera de dir, perquè aquell 10 de juliol, a Barcelona, cap pancarta no va avançar gens: va ser la manifestació més gran que s'havia fet mai fins aleshores, pràcticament un milió i mig de persones que ho desbordaven tot, previsions i pancartes i carrers i places i tot.

La capçalera va ser, literalment, el poble.

Clamant independència.

Una grandiosa, preciosa, lliçó.

La sensació de plenitud d'aquell dia és difícil de descriure. Va ser un esborronament. Un nus a la gola. Una sorpresa, també, i una constatació alhora. I ganes d'abraçar-se i de mirar-se als ulls amb tantes persones que hi havien dedicat tants esforços, els imprescindibles que no es veuen, i agrair-los allò que havien fet que passés.

Dos anys després, a l'anomenada «Declaració de Santa Coloma de Gramenet», Òmnium deixava clara aquesta evolució col·lectiva i certificava, per primer cop i de manera explícita, l'aposta estratègica per la consecució d'un Estat propi. O, més ben dit, l'assumpció d'aquest clam popular, que canta *«O povo è quem mais ordena»*.

Quan parlem dels partits polítics, hem de tenir sempre present que tenen una certa tendència al linxament. Quan s'acosten eleccions, especialment (i fins i tot legítimament), però sense que tinguin una excusa tan clara al davant, també. Sovint. Des d'Òmnium hem tingut sempre clar que no podem caure en el parany dels discursos antipartits, que són terreny abonat per al populisme, però també tenim una premissa igualment clara, i amb aquesta hem treballat: justament per protegir-nos dels partits, no podem ser mai de part. Ho repetim sovint, això, i no és perquè sí: som de tothom. A partir d'aquí, fem tant com podem per crear condicions i espais de trobada i, si convé, de distensió que afavoreixin els grans consensos: part de la nostra feina és, precisament, provocar les oportunitats.

És obvi que, sobre el paper, això seria més senzill si hi hagués un únic actor polític. Però l'escenari també seria menys

«Hem gosat desafiar l'Estat i ell ha respost amb tota la virulència. Si s'ha hagut de refrenar ha estat gràcies a Europa.»

DIETARI, 1/8/20

enriquidor. I gens representatiu, sobretot, de la diversitat de pensament i de matisos que ens configura tant al conjunt del poble com al mateix sobiranisme. Des d'aquest punt de vista, per tant, la unitat que ens cal cercar, i la que podem trobar, és la unitat en l'acció per a un objectiu. La unitat que hi va haver per a l'assoliment de l'1 d'Octubre, per exemple. O el 3 d'Octubre. Amb tants estira-i-arronses com ens puguem imaginar i més, però unitat per dur-ho a terme. Tenir clar l'abast dels acords i negociar els dissensos. Unitat, que no uniformitat. Vet aquí un principi que val la pena de no perdre de vista: tal com deia Raimon Carrasco i recorda l'amic Joan Vallvé, la unitat màxima possible, que la impossible no la demanarem pas.

Amb tot, si hi ha una cosa que em continua costant d'entendre, ara com abans, és aquesta pueril tirada a la desconfiança que els partits es tenen els uns als altres quan es tracta d'afers de país. De vegades és desesperant. Com si tan ràpidament oblidessin que al llarg dels anys tot el que hem fet de transcendental ha estat gràcies a homes i dones capaços tant d'ambició com de generositat. Com si de cop negligissin que parlar clar a la ciutadania, tractar-la com a adulta i responsable és un tret que ens diferencia del no-projecte permanent que ofereix Espanya. Com si els dominés el desconcert. Com si únicament pensessin en clau electoral. Com si l'1 d'Octubre fos un objecte que es poguessin llançar pel cap per veure qui hi va tenir més mèrit. Com si aquest país es pogués permetre el luxe d'amortitzar victòries històriques com la de les eleccions autonòmiques del 21 de desembre del 2017: en les pitjors condicions possibles, amb el president a l'exili i el Govern destituït i la gent a la presó i les amenaces i el control humiliant i espantós del 155, quan tot semblava preparat per a la humiliació i l'oblit, la ciutadania va tornar a respondre a la crida a les urnes. Com si a ningú li importés tot això, mare meva.

La clau de volta és sempre que tothom vagi a votar, enfortir la legitimitat de les decisions que pren el conjunt de la ciutadania. Aquest és el veritable repte col·lectiu. I, en certa manera, això és el que va passar en aquelles eleccions, malgrat el 155. Perquè, què faríem si pràcticament la meitat de la població no reconegués la legitimitat de les decisions que prengui una part majoritària de la societat? Sempre voldrem més partidaris de la independència. La qüestió és que, sigui quin sigui el resultat, el conjunt de la societat catalana es comprometi a reconèixer-lo i, sobretot, a defensar-lo.

I, tal com explicava Viktor Frankl: «Qui té un *perquè* podrà superar qualsevol *com*».

Els primers dies d'octubre del 2017, entre els primers feixos de cartes que ja em van començar a arribar, n'hi va haver algunes que em van impressionar especialment: la de Montserrat Bascompte, que em va recordar els anys d'exili del seu germà Pere; la de Pepe Beúnza, considerat el primer objector de consciència al servei militar, de caràcter polític, a l'Estat espanyol. I em va escriure això: «Heu entrat a formar part del quadre d'honor internacional dels drets humans. El formem els qui hem estat presos per haver defensat la llibertat de manera pacífica».

Passat poc més d'un any, venien a la presó de Lledoners un grup d'eurodiputats. Per conèixer-nos. Per deixar establert el contacte. Per expressar la intenció d'exercir d'observadors internacionals. Formaven part de la Plataforma Diàleg UE-Catalunya, un espai per aconseguir que Brussel·les intervingui en el conflicte amb l'Estat espanyol. Em va impressionar l'eurodiputada irlandesa Martina Anderson, que va estar tretze anys a la presó (tretze!) i en va ser alliberada per l'Acord de Divendres Sant. M'explicava que havia estat en una presó amb sis-cents homes i dues dones. No m'ho vull imaginar. Tenia el verb serè però contundent. Ens vam fondre en una abraçada.

Hi penso sovint, en les condicions tan adverses que han hagut d'encarar, a l'Estat espanyol i fora de l'Estat espanyol, els presos polítics i els exiliats que ens han precedit. Que la nostra situació és dura, ben cert, però que és imperatiu tenir sempre present que no és comparable al dolor que han hagut de suportar i han de suportar milers de presos de consciència a tot arreu del món, o els nostres planys ens posarien davant del mirall de la vergonya. Som els hereus del seu futur i no tenim cap dret a renunciar-hi. Si nosaltres defallíssim, la seva lluita hauria estat en va.

Vaig llegir *Memorias del calabozo*, de Mauricio Rosencof i Eleuterio Fernández Huidobro. Onze anys segrestats en temps de dictadura, a l'Uruguai. Juntament amb altres guerrillers, entre ells Pepe Mujica. Van formar part del govern, després, i Mujica n'ha estat president inoblidable.

No m'agrada gens prescriure obligacions, però m'atreveixo a dir que aquest llibre hauria de ser lectura indispensable. El pròleg és d'Eduardo Galeano. Necessito transcriure-us-en un fragment:

«No podien parlar ni tan sols amb les coses. A les cel·les no hi havia coses, no hi havia res. Dormien sobre el terra gelat de formigó, sobresaltats per qualsevol soroll de reixes o pas de botes que podia anunciar una nova ronda de tortures. De vegades no els donaven ni aigua, i es bevien els seus propis orins. De vegades els negaven el menjar, i ells menjaven mosques, cucs, papers, terra. De vegades passava un miracle: una ràfega d'aire fresc els portava una aroma de taronges per algun foradet de la finestra tapada; o pel foradet hi entrava una cuqueta de llum, o una ploma d'ocell. I de vegades ressonava, a la paret, algun missatge del pres veí: un missatge dit amb els artells dels dits».

Modestament ho escric, però així ho penso: cada dia que un pres polític de qualsevol racó del món resisteix, és la humanitat sencera qui triomfa.

«Ara és el vostre torn.» Ens ho va dir l'activista i eurodiputat José Bové, en una visita a Lledoners. Hi vaig connectar de seguida. És per moments com aquest, per paraules i emocions com aquestes, que em nego a fer la cançoneta que si és molt dur ser a la presó o que si els trasllats durant el judici o que si a Madrid no sé què o no sé quantis: lluitem per la democràcia, i les nostres qüestions, sense deixar de comptar, perquè les persones sempre compten, tampoc no s'han de situar tan en primer terme. Cadascú és cadascú. Però, a la presó, hi som en lloc de molts. En nom de molts. Faríem bé de no oblidar-ho.

No voldria fer de l'anècdota categoria, però hi ha situacions que són paradigmàtiques. Il·lustratives. O que es poden llegir com a tals.

Ara no sé per què he recordat aquella conversa amb l'educador de Soto del Real. Encara no havíem passat el primer Nadal a la presó. Parlàvem i, fent el desmenjat, li vaig etzibar que jo tenia un munt de llibres, fins i tot alguns de repetits, i que, si li semblava, es podria mirar de trobar una autorització per deixar-los a la biblioteca. Va fer un gest amical:

—*¡Felicidades, buena idea!*

I tot perfecte fins que li vaig dir que eren en català.

Silenci.

A la biblioteca del mòdul hi havia llibres en anglès, en polonès, en portuguès...

La recomanació final d'aquell home va ser antològica.

—*Los podríamos dar a Cáritas o algo así.*

Sense miraments.

De vegades, els funcionaris, a Madrid, et donaven conversa. O ho provaven. Que aviat sortireu d'aquí, que una mica de mofa amb la vaga de protesta per l'empresonament, que si aneu dient que sou presos polítics només us compliqueu la vida. Jo sempre mirava de mantenir la correcció però de respondre-hi el mínim possible. Sense ser del tot sec, però sense donar tampoc peu a res

«El nostre empresonament ha de ser palanca de canvi democràtic.»

DIETARI, 10/2/18

que després pogués servir de cap mena d'aliment als mitjans de comunicació espanyols. Perquè només esperaven carnassa per al seu festí. I vaig decidir que de mi no en tindrien.

També n'hi havia alguns que mostraven un tarannà diferent. Que deien *buenos días* i *cómo está*. I, com que el món és ple de sorpreses, allà, dins dels filats espinosos, un dia, de cop, n'hi vaig trobar un que, tan bon punt em va reconèixer, em va dir «Oriol Tramvia i *Força Dharma*». Tal com raja. Un funcionari madrileny, rondant la cinquantena, que treballava al mòdul d'infermeria (li deien «el Pastillas») i enamorat del Canet Rock. Del d'abans. Hi havia fet de fotògraf. Li vaig dir que li aconseguiria entrades per al d'ara, que els estils són diferents però que segur que s'ho passaria bé. I que havia fet una lletra per a una cançó de la Dharma.

Que què?

Que havia fet una lletra per a una cançó de la Dharma.

Se li van acabar d'encendre els ulls.

No la hi vaig cantar perquè aleshores encara no en sabia la música. I perquè tendeixo a desafinar. I per coses. Però comença així:

«Bassals i terra, mirall i ocells
d'una illa sempre nostra,
el *detente bala* mai desdit
i el mocador groc sota el coixí.»

Als anys setanta, quan van fer els primers concerts a l'Estat espanyol, les parets de Madrid explicaven que «*la Dharma la arma*».

En fi, que ja he dit que no vull fer de l'anècdota categoria i ho mantinc. És tan sols que ara, recordant el Pastillas, pensava fins a quin punt els apriorismes ens poden ser distorsió davant de les persones. I que qui sap què podem trobar, quines complicitats, també a l'Estat espanyol. Que és cert que hi ha hagut i que encara hi ha silencis clamorosos, però que aquesta és tan sols una part de la realitat: també hi ha, alhora, la solidaritat d'Isaac Rosa, Santiago Alba Rico, Alberto San Juan, Belén Gopegui, Ignacio Sánchez Cuenca, Isa Sierra, Willy Toledo, Jaime Pastor, David Trueba o Antón Losada. Per citar-ne només uns quants i de coneguts. I recordar la manifestació del 16 de març a Madrid. I després, Dani Gallardo, més repressió. Hem de saber apreciar aquestes complicitats: les necessitem i les continuarem necessitant. No les podem malbaratar.

Ho necessitem tot.

Possiblement hem menystingut la força de l'Estat espanyol. Possiblement encara no ens n'hem mesurat la nostra. Possiblement no som conscients del nostre poder. En paraules de Hannah Arendt: «A diferència de la força [...], el poder sorgeix allà on els homes i les dones es reuneixen i s'apleguen amb el propòsit de fer alguna cosa en comú i d'actuar junts». Possiblement ens caldrà demostrar molt més del que hem demostrat fins ara.

De vegades penso que, ara per ara, els fem més ràbia que no pas por, als poders de l'Estat.

Hi ha qui diu i insisteix que el sobiranisme no té estratègia. No ho tinc gens clar, això. En tot cas, quan sento que es llança al vent aquesta afirmació, sempre que puc pregunto i em pregunto: quina és l'estratègia de l'Estat per a Catalunya? Llei dura i violència?

En el cicle que ens abraça des de la manifestació-canvi-de-pantalla del 2010 fins al referèndum del 2017, Catalunya ha acumulat molt més poder —en el sentit arendtià del terme—, possiblement, del que ha tingut els darrers tres-cents anys. Això va permetre plantejar un veritable desafiament noviolent a l'Estat que és difícil de comparar amb res més en aquest període. Però aquest poder acumulat, aquest poder somrient i constructiu, fins ara no s'ha traduït en força.

A Catalunya, l'Estat espanyol ja pràcticament no té poder. Sí que té força: té l'exèrcit, té la policia i els tribunals i les empreses de l'IBEX i tants mitjans de comunicació. Però el poder que sorgeix de la gent aplegada buscant un objectiu, ja no el té. I aquest és un canvi important de situació. No sé fins a quin punt en tenim consciència.

Ara bé, igual que passa això, aquesta pèrdua de legitimitat, de poder, per part de l'Estat, passa que la societat catalana, que veritablement ha acumulat un poder insòlit, no ha estat capaç de traduir-lo en força.

Ara per ara.

D'aquí els reptes que ens planteja el nou cicle. Conèixer el poder que ja tenim i fer-lo créixer i fer-lo servir. Traduir-lo en força.

Seguramente ens cal més rigor, perseverança, determinació. Encara més. Ho deia Antonio Gramsci i continua plenament vigent: «Instruïu-vos perquè necessitarem tota la nostra intel·ligència, mobilitzeu-vos perquè necessitarem tot el nostre entusiasme, organitzeu-vos perquè necessitarem tota la nostra força».

No mirava gaire la televisió, a Madrid. Sobretot, perquè preferia llegir o escriure. També perquè sovint era molt saludable no consumir notícies. O fer-ho de manera moderada. De vegades, però, sí que m'hi quedava, en algun programa o informatiu. El biaix era anguniós. I amb una unanimitat, entre públiques i privades, que encara feia més gran l'esgarrifança. Alimenten dia rere dia la bèstia de l'anticatalanisme. Quin greu. És molt difícil, sota un argumentari bèl·lic constant, poder construir ponts de diàleg i negociació. És un pervers peix que es mossega la cua: el mateix poble que alimentes amb lectures esbiaixades és el que després, carregat d'aquest imaginari, no et permet avançar en cap conversa.

És important que no deixem cap barrabassada per bona.

Als escampadors conscients de biaixos i de mentides ja sabem que no els convencerem de res, que fan la tasca que els pertoca i au. Però després n'hi ha d'altres que simplement repeteixen. Bé perquè és tota la informació que tenen, bé perquè es pensen que ja està, bé perquè no n'han volgut buscar més, bé pel que sigui però sense intenció manifesta. Recordo una periodista que m'entrevistava per a *Mediapart* i *L'Express* i aquell seu despropòsit en afirmar que l'independentisme és el culpable del ressorgiment del feixisme. Vaig fer silenci un moment. I vaig entendre que calia respondre-hi sense filtres: acusaria els jueus de l'auge del nazisme?

Va quedar parada.

Ella atribuïa l'afirmació als intel·lectuals espanyols, i és greu que aquí tingués raó.

—Amb un 50 % a favor es pot proclamar la independència? —preguntava després.

—Amb un 80 % a favor es pot prohibir la celebració d'un referèndum? —li responia jo.

Fèiem reunions més o menys formals. Per visualitzar un col·lectiu de presos polítics. Petites assemblees per mirar de consensuar posicionaments i missatges. Quan hem signat alguna carta conjunta. Quan uns quants van fer la vaga de fam.

Any 2018. Presó de Lledoners. Vaga de fam.

No puc esmentar-la i continuar parlant com si res d'una altra cosa. Quan vaig acompanyar en Turull a ingressar al mòdul d'infermeria, feia més de quinze dies que no menjava. Per denunciar que el Tribunal Constitucional espanyol deixava passar el temps (un any llarg) sense resoldre els recursos de llibertat provisional, en Turull feia vaga de fam amb en Sànchez, en Rull i en Forn. Van ser molt valents. Era desembre. Ja entrava l'hivern. Davant de la infermeria ens vam acomiadar. Aquella abraçada em provoca, encara ara, un calfred a l'espinada: estava tan prim!

Les reunions, sí: tornem-hi. Ens trobàvem per parlar de les defenses. Per posar en comú anàlisis i perspectives. En tinc molt

«He adquirit força i tinc confiança en un dels aprenentatges principals de la presó: els teus actes parlen per tu, més enllà de les declaracions públiques.»

DIETARI, 20/9/20

bon record: quan quedaven a banda les dinàmiques de partit, tothom hi deixava la pell.

No sempre van tenir fluïdesa, però sempre i sense excepció van ser interessants. També per aprendre a tenir presents els punts de vista, les vivències diverses sobre el moment social. Per visualitzar la convivència política (o les seves dificultats), la manca de confiança, també, i l'empatia que la pot desarticular. Per recordar que el sobiranisme no pot focalitzar la seva estratègia en la qüestió antirepressiva. Que és clau per enfortir, cohesionar i fer madurar el moviment, sí, i tant, però tan sols si és capaç de no tractar la repressió com una cosa de la qual simplement cal protegir-se, o defensar-se, sinó com un element que catalitza la solidaritat i que propicia la denúncia que pot afeblir l'Estat. Els presos no som la visualització de cap derrota. De fet, resistir és la primera victòria per al represaliat i la primera derrota per al repressor: el perseguidor pot fer mal, i en fa, però ni de bon tros no pot eliminar l'objecte de la seva repressió.

Per recordar tot això i per aprendre a fer silenci, les reunions.

Aquest darrer va ser, sovint, el meu paper. Em vaig atorgar una certa condició de moderador perquè considerava que era la millor manera de poder ser útil. I perquè hauria estat impropi del president d'Òmnium Cultural prendre posició per cap partit. Impropi i estèril.

El debat era, sovint, apassionat. Ni jo mateix no me'n vaig estar, alguna vegada, de moderar, diguem-ne, amb passió. Però és que pensava, i penso, que què dimoni, hem d'estar orgullosos del que vam fer! I que és important que, es faci el que es faci, es faci anant-hi conjuntament. Cadascú des de la seva veu, però tots junts. És tan obvi que sempre m'ha revoltat que algú no ho veiés.

La primera reunió va ser a començament d'agost del 2018. Coincidien en un noranta-nou per cent quan analitzaven què calia fer. I escric «coincidien» perquè jo em limitava a conduir el debat. Són persones molt acostumades que les seves deliberacions siguin vinculants, i es notava molt. He viscut amb admiració els intensíssims debats dins de la presó. Me'n sento afortunat. Perquè el fet és que són polítics de raça, gent que ha dedicat molts anys de la seva vida a la qüestió pública i que estimen el país. Per entendre'ns, en Junqueras ho coneix tot; en Turull, tothom. Sentir-los en col·loqui era sempre interessant. Jo, en tot cas, vaig intentar fer de pont. De pedra, de fusta, de ciment, de cordes, el que sigui: de pont.

A l'hora de posar a sobre de la taula les estratègies següents, concretes, el gran consens era, d'entrada, el referèndum. Sense més adjectius. Després ja venien els complements, però la coincidència era crear l'escenari per a un nou referèndum vetllant per les legitimitats del resultat i el seu reconeixement. La nostra reclamació essencial ha estat sempre la que queda recollida en dos mots senzills i clars: «Volem votar».

Però també cal tenir en compte i treballar altres escenaris. Perquè si no, si d'entrada estableixes que aquest és el teu màxim polític, ja no deixes marge per a la força de la pressió al carrer. I perquè no seria sensat tancar-nos en una única via. En tot cas, tant per a una proposta com per a una altra o per a les seves combinacions, la lluita noviolenta i la desobediència civil han estat sempre instruments eficaços, fins i tot m'atreveixo a dir que ja hem après que són del tot imprescindibles, per fer avançar la societat en el llarg camí de la seva llibertat.

Perquè la desobediència civil no pretén eliminar tot l'ordenament jurídic, ni de bon tros, sinó aquelles lleis o decisions judicials que es consideren injustes. Per entendre'ns: ningú no pot saltar-se un semàfor en nom de la desobediència civil, perquè fent-ho no respondria a un interès col·lectiu, sinó només a un impuls particular, egoista. Quan el poder judicial (o qualsevol poder de l'Estat) impedeix l'exercici de la desobediència civil, que és la legítima expressió d'oposició a lleis injustes quan s'han exhaurit altres vies, impedeix el progrés i la transformació de la societat. Perquè la desobediència civil és la principal eina noviolenta que tenim per pressionar les institucions i els polítics quan l'ordenament jurídic impedeix l'exercici de drets fonamentals, empara situacions injustes o lesiona el bé comú. I quan parlo de pressionar els polítics, penso en els d'allà, és clar, però també, quan convingui, en els d'aquí. Sí, els d'aquí. La gent és qui té el poder de fer canviar les coses, i no sabria trobar una actitud més responsable que l'exercici de la desobediència civil, perquè implica compromís amb un bé col·lectiu, el reconeixement dels propis actes i l'assumpció de les conseqüències d'aquests actes (cosa que no vol dir acceptar la legitimitat de cap càstig).

En el nostre cas, ara mateix, ras i curt, no hi ha possibilitat de fer un referèndum pactat, un nou referèndum unilateral o una declaració efectiva d'independència, siguin quines siguin les majories parlamentàries concretes (més d'aquest color o més de l'altre, amb suports de fora o de dins), si abans no hem assolit la maduresa d'acceptar que caldrà dur a terme grans actes massius en el marc de la lluita noviolenta. I que aquests actes posaran en joc l'estabilitat, també emocional, de la societat. Perquè qui no es mou no sent les cadenes i perquè si aquest no és el preu que estem disposats a pagar no cal que hi dediquem més temps: assumim de viure al bany maria, resignem-nos a contemplar l'*statu quo* i queixem-nos-en, amargament, de tant en tant.

Però jo no em vull esperar tota una generació. No entenc per què ho hauríem de fer. I tampoc no ens ho podem permetre.

Hem d'aprofitar tot el bagatge del catalanisme històric, l'independentisme de la post-Transició i el sobiranisme. Som ells. Vull dir que venim d'aquest camí. Tenim aquest equipatge acumulat d'experiències. Colors diferents dins de la maleta. Aquesta transversalitat. L'evolució i l'esperança.

I és que el catalanisme és una aposta de civilització. Perquè el catalanisme neix d'això, de la civilitat, de la convicció dels valors del bé comú i de la vida civil, propi de qui té les bones maneres acostumades entre persones que viuen en societat i que saben que, del comú que es construeix, neixen la força i l'energia col·lectives. El catalanisme és potser la millor expressió d'aquesta voluntat tan pròpia dels catalans i les catalanes de transcendir el petit reducte d'allò propi, la nostra modesta aportació a la civilització, a la cultura universal, a la humanitat en general: com, si no, podríem explicar Miró, Casals, Rodoreda, Savall o Cabré?

El catalanisme té una profunda arrel cultural i popular (sempre Termes!) que el fa singular i característic entre els moviments sociopolítics del nostre entorn, tant a l'Estat espanyol com a Europa. En el marc d'una nació mil·lenària, amb una llengua i una cultura pròpies, en una terra de pas que sempre ha maldat per fer de la seva llengua i cultura un instrument d'autoestima i alhora de cohesió social que ha defugit qualsevol temptació de cloure's en un reducte identitari. El catalanisme, per definició sempre obert i generós, és la plasmació d'una voluntat permanent de ser d'una comunitat nacional que se sap molt poc homogènia, bastida a partir de les aportacions més diverses, que l'han enriquit, i que ha perseverat al llarg dels segles i de moltes dificultats, com tan bé explicava Vicens Vives o el doctor Josep Trueta al mític llibre *The Spirit of Catalonia.*

Avui, el tronc central del catalanisme és el sobiranisme, l'aspiració a decidir el futur propi en pau i llibertat. Per això, renunciar a la potència inclusiva, a la vocació de servei i fins i tot a la utilitat de tot un corrent social i polític (i cultural!) històric com el catalanisme d'arrel popular i cívica em semblaria una negligència total. Portem molts colors diferents a la motxilla, la nostra llengua s'ha enriquit amb accents diversos i la nostra cultura ha crescut i s'ha enfortit amb capes sedimentades d'importants aportacions. Des de Miquel Barceló a Sílvia Pérez Cruz, passant per Sol Picó, Enric Casasses o Carla Simón. Aquesta transversalitat, que ens engrandeix, i aquesta evolució, que ens arrela en el passat, ens connecta amb el present i ens projecta cap al futur en un projecte que, com sempre i al llarg dels segles, s'ha desplegat amb una brúixola infal·lible: l'esperança. Som els hereus de la construcció permanent del sol poble de Benet i Candel, que pocs millor que Fontana ens han sabut explicar. I que altres veus com Najat El Hachmi avui ens actualitzen.

Catalunya s'ha bastit gràcies a l'esforç de molta gent que no ha deixat el seu nom escrit als llibres d'història, però que l'ha feta avançar, tanta gent bregant en milers de lluites compartides que ens han configurat un tarannà propi (ni millor ni pitjor que cap altre, només propi) que beu d'una profunda convicció europeista, de cara al Mediterrani i amb un sentiment de respecte sincer cap a la vida i la humanitat.

I en aquest compensar cal continuar construint: entre la consciència que caminem a espatlles de gegants i la projecció que ens faci superar el simple driblatge curt. En això, hauríem de tenir mentalitat d'iroquesos: quan aquells nadius americans es reunien en consell per tractar els afers importants, es preguntaven com afectaria cada decisió la setena generació. La setena! Seria ingenu esperar dels polítics en general una obertura de compàs tan gran, però sí que tots plegats hem de saber pensar des d'una mirada que superi el curt termini (tan curt, que amb prou feines si salta de legislatura en legislatura). En els viatges de *benchmarking*, de comparació i referència en els processos de treball eficients, que fèiem amb els patrons de la fundació

FemCAT, precisament, des de Califòrnia fins a Finlàndia, des de Hong Kong fins a Baviera, hi vam constatar ben clarament que la immensa majoria dels casos d'èxit incloïa una capacitat de construir acords molt més enllà del temps de cada cicle electoral: acords consistents, amb el compromís de totes les parts i pensant en el llarg termini.

És l'única manera d'abordar transformacions importants. Necessàries. I em referia al nostre país i a l'emergència social, d'entrada, mentre escrivia «mirada llarga», però penso també en l'emergència climàtica: els afers veritablement necessaris transcendeixen els tempos electorals però reclamen accions immediates. Encara que no donin rèdits igualment immediats. Aquesta generositat i aquesta superació de la resignació van unides. Els avisos sobre l'emergència climàtica (possiblement el repte més descomunal que tenim com a humanitat i per al qual la lluita noviolenta a escala mundial tindrà un paper protagonista) ja comencen a prendre cos esfereïdor i cruament ens mostren fins a quin punt, si els governants són incapaços de reaccionar, és necessària la implicació col·lectiva per mirar de posar-hi remei. La inacció també és una acció i té conseqüències.

Avançar a espatlles de gegants, reitero. Un reconeixement necessari i una bella sensació. És la fascinació que l'admirabilíssim Joan Coromines va mostrar sempre pel seu pare, Pere Coromines. A la presó i gràcies a Albert Coromines, m'arriben per carta les seves paraules, que n'expliquen el fons i ens interpel·len a tots. Són de *La vida austera* i fan així: «La teva pàtria s'adonarà del teu treball, perquè no t'entretindràs en feines balderes. [...] La pàtria sentirà els teus passos i es refiarà de la teva obra [...]. Mes serà precís que tu no pensis en el premi, perquè això et distrauria de posar la intensitat deguda a la teva obra. L'essencial és que no quedi en tu ni una volva de llum que no es reflecteixi en el fruit de la vida, ni un remolí de força que no s'integri en la teva creació».

El primer Onze de Setembre a la presó va ser d'una intensitat alta. Vaig aprofitar els cinc minuts de telèfon per parlar amb Marcel Mauri. Per felicitar-lo pel brillant discurs. Impecable i, de llarg, el més aplaudit i transversal. Fins i tot aquí ho van reconèixer tots. De vegades hi ha unanimitats.

Ell es va emocionar molt i durant els segons inicials no podia parlar. És un bon líder a l'exterior. Durant tot aquest temps ens hem complementat absolutament. De seguida que vam poder, vam parlar sense embuts de la possibilitat que ell, com a vicepresident d'Òmnium i cap visible i actiu de l'entitat, patís també la repressió directa. I va fer que sí, amb posat greu i serè. I va continuar la feina. Amb una entrega i una generositat sense límits. Mai no se'n sabrà prou. Té les coses clares. Totes. Som afortunats de tenir-nos els uns als altres.

I aquell Onze de Setembre va tornar a ser un èxit. Prop d'un milió de persones segons la Guàrdia Urbana. No voldria que, a còpia d'haver-ho fet tantes vegades, ens hi acabéssim acostumant i deixéssim de valorar-ho. La capacitat de mobilització d'aquest poble és impressionant, i en aquella Diada s'hi van expressar alhora determinació i rebuig a la repressió, als cops brutals

«Estic orgullós de l'acte transversal d'Òmnium a Arc del Triomf. L'Esther llegeix uns texts des de l'escenari amb la samarreta del "Ho tornarem a fer" i la Txell l'observa ben embarassada des de la primera fila. L'Amat, un parell de files més enrere.»

DIETARI, 12/9/19

contra la població que alçava urnes, als empresonaments, a l'exili. Llibertat presos polítics, autodeterminació.

El perill, però, era el de sempre: la ràpida amortització, la facilitat amb què en aquest país arxivem els assoliments importants. Quan, de la seva banda, l'Estat, dit sigui de passada, de qualsevol mediocritat en fa categoria i la repeteix i repeteix i repeteix fins a l'empatx.

I, mentrestant, sempre, les maniobres. Bregar amb l'ara mateix i les seves circumstàncies, les possibilitats que ofereix, les que se li reclamen. «Ens manca determinació i més múscul.» Ho vaig escriure al dietari el 17 d'agost del 2018.

L'Estat sap que, de la banda catalana, hi ha gruix social que es manté però, alhora, una divisió important en les dirigències, i per aquí burxa. En aquest temps que vivim, si no és que ens donem per esborrats com a societat i com a projecte de progrés col·lectiu, no podem evitar la tensió amb l'Estat.

L'objectiu és ser-ne més i més determinats. I treballar amb l'únic límit ètic i estratègic de no respondre amb violència a la violència de l'Estat. Sense renunciar a cap via democràtica, per tant. Al capdavall, la independència per la via unilateral és tan creïble o tan poc creïble avui (avui que escric i avui que ho llegiu) com ho era l'octubre del 2017, quan la defensava tot el Govern. I això és tan cert com ho és també que no tenim la mateixa força sent el 50 % que sent el 70 %. Dues obvietats. I una altra: que tant el referèndum com la unilateralitat o la multilateralitat o com en vulguin dir hauran de ser part de l'estratègia compartida.

Tot sobre el tauler i, des de la societat civil organitzada, múscul i determinació.

Que aquesta diria que és la clau.

Cal governar bé Catalunya i, alhora, comprometre's a celebrar un nou referèndum ben aviat i sense més adjectius. Tant si a l'Estat li plau com si no li plau. Això és el «Ho tornarem a fer»: votar tantes vegades com calgui.

Una qüestió que segurament caldria estudiar, i fer evolucionar, és el concepte de desobediència institucional de caràcter civil. Que aquí és on ens hem mogut fins ara, segurament sense posar-hi etiqueta i sense acabar-ho de desenvolupar en fets, però més o menys per aquí. No sé si trobaríem cap altre exemple que es pugui aplicar aquí literalment: en el cas de la independència dels Estats Units d'Amèrica o en el dels processos de descolonització, no es pot parlar exclusivament de desobediència civil ni tampoc només d'acció noviolenta, ja que van anar acompanyats d'accions militars o armades, i, pel que fa a l'Índia, no hi va tenir paper cap institució diguem-ne regional.

Encara que potser és poc afalagador, tampoc no hem d'oblidar que la Generalitat és el màxim representant ordinari de l'Estat a Catalunya. Igual que els catalans i les catalanes tenim carnet espanyol i obligacions amb aquest Estat. Formals. Desobeïbles. El repte gens menor és conèixer les capacitats i els límits de l'acció de les institucions i, alhora, no pretendre substituir-les, sinó empoderar la ciutadania. Comprendre que cap canvi no arribarà d'uns òrgans autonòmics que no són sinó una Administració que, més enllà d'impregnar un caràcter en la gestió (gens negligible i del tot imprescindible en la reconstrucció del sentiment de pertinença col·lectiva), formen part de l'estructura del poder de l'Estat. Per tant, la direcció d'aquest «caràcter» és susceptible de ser modificada dràsticament i immediatament. Tal com vam constatar via l'article 155.

Tanmateix, com que el món és contradicció, tot això no ens hauria de fer oblidar el valor tan gran que té la institució de la Generalitat en l'enfortiment de l'imaginari col·lectiu de país. Que la seva mateixa recuperació ja és un reconeixement per part de l'Estat de la legitimitat de l'exili republicà dels presidents Irla i Tarradellas. O que es va reinstaurar abans que s'aprovés la Constitució espanyola.

No podem renunciar mai a governar-nos per nosaltres mateixos ni tampoc caure en una simplista lectura antiinstitucional. Aquí no ens hi trobaran. Es tracta, simplement, de comprendre quin paper pot fer i fa cadascun dels actors que traiem a escena, i com s'hi mouen. I d'assumir, per tant, també, la responsabilitat que ens correspon com a ciutadans.

En el nostre cas, podríem dir que la reclamació sobiranista catalana, en grau divers, es va anar canalitzant tradicionalment per vies institucionals: d'aquesta manera, l'acció política s'encarrilava dins del sistema de partits, i mitjançant el sistema va aconseguir concessions i èxits. Fins allà on es podia arribar. Fins allà on el context (també el nostre) arribava.

L'extensió de l'independentisme va partir de diversos intents institucionals de negociació amb l'Estat, i de les consegüents frustracions pels resultats. En aquests intents hi podem incloure des de les opcions més reformistes i el famós peix al cove, que va durar el temps que va durar, fins a la reforma de l'Estatut del president Maragall, el pacte fiscal que proposava el president Mas o les propostes de referèndums d'autodeterminació acordats. La falta de resposta a aquestes reclamacions per mitjans institucionals va anar farcint de legitimitat l'independentisme. I estenent-lo a capes cada vegada més àmplies de la població catalana. S'ha d'entendre molt bé què ens ha permès créixer, i com hem de continuar per aquesta via, en lloc de replegar-nos. La fermesa o és estratègica o es queda en mera retòrica.

Va ser tan sols (tan sols!) fa uns anys, amb prou feines una dècada llarga, que es va començar a gestar i a produir el canvi d'estratègia que ens ha dut fins aquí. És això que hem anomenat «el procés independentista» o, en aquesta tendència simplificadora del llenguatge comú, «el procés».

Que s'ha desenvolupat a la seva manera i amb les característiques que el singularitzen (per molts esquemes que fem, diagrames, etcètera, cada cas és únic i es mou segons el seu moment i la seva concreta materialitat), però que de seguida podem veure que respon als primers estadis de mobilització noviolenta definits pel sociòleg, activista i teòric del concepte de «revolució noviolenta», George Lakey: en aquests primers graons, les accions més importants són les que generen cohesió en el grup i creen una tradició de mobilització noviolenta que servirà de referència cultural per a les fases més avançades de la lluita col·lectiva.

I això hem fet, potser sense saber-ho. Al capdavall, l'estratègia del moviment que porta a l'octubre del 2017 és una mobilització espontàniament i característicament sense violència. Però és més que això, també: és el fruit d'una manera de fer, d'una pràctica activista que s'ha autodefinit, precisament i per la via directa dels fets, per l'acció imaginativa, per la mobilització transversal, massiva i colorista, fins i tot festiva. S'hi ha generat i s'hi ha transmès una mena d'alegria col·lectiva que n'ha estat tret distintiu. «La revolució dels somriures», se'n va dir. I no ens els hem de deixar prendre, els somriures, que d'aquí també surt part de la nostra força. Perquè, a més i en consonància, la proposta sempre ha estat en positiu: davant de la crisi econòmica que ens arracona capes cada vegada més àmplies de la població, que ens deixa els vells desemparats i els joves amb un futur precari, davant de la crisi democràtica que s'evidencia amb cruesa a l'Estat espanyol, Catalunya hi respon amb un projecte engrescador de nova construcció política sobre la base de la participació col·lectiva, del respecte per la diversitat, de la cura per les persones, de l'estima per la terra, el planeta sencer, de la solidaritat amb la resta de pobles d'Europa i del món. El somriure no és pas complaença amb l'estat actual de les coses, sinó expressió de confiança en el futur.

Una nit que havíem sortit a sopar, després d'un concert de Les Sueques, parlàvem de perspectives i de possibilitats i de tot una mica, i li vaig dir a la Txell que tenia la intuïció que acabaria a la presó. Hi penso sovint, en la cara que va fer, i encara no la puc desxifrar. Suposo que va provar d'encaixar-ho esportivament, i va fer aquell gest tan seu de fortalesa, però també em va mirar com dient que no cridés el mal temps. Hi penso sovint i em sembla que no em vaig saber explicar: no volia dir que ho estiguéssim provocant, ni que fos inevitable, sinó, senzillament, que era una opció que calia tenir molt seriosament en compte. I que la seva existència, aquesta eventualitat palpable, no ens podia fer dubtar a l'hora de continuar fent el que fèiem.

Ni aleshores ni ara ni mai.

En una carta a l'estimat Pepe Beúnza, hi repassava la meva minsa experiència des de Santa Perpètua de Mogoda com a part dels insubmisos tardans perduts entre la burocràcia d'una mili agònica, dels qui vam arriscar ben poc perquè, senzillament, ja no calia arriscar més: la feina grossa, la feina dura, ja estava feta.

Ja no ens l'havíem de jugar, però hi vam aprendre molt. Moltíssim. Personalment, va ser aleshores que vaig anar adquirint convicció pacifista, com un exercici gradual d'autoaprenentatge i presa de consciència antimilitarista. I estava preparat, com tants i tants joves del moment, per sumar-me a aquella protesta, a aquella transformadora determinació. Hi havia hagut els objectors, els directament no incorporats (com el meu o com el del meu admirat cosí, mig hippy, Enric: quan la Guàrdia Civil l'anava a buscar a casa seva, la llegenda conta que s'escapava pel terrat), els insubmisos organitzats. Nosaltres esperàvem torn. Però l'Estat espanyol va decidir que cinquanta mil insubmisos i centenars de milers d'objectors eren, junts, un rival massa poderós. I va haver de renunciar a la repressió.

Vet aquí una de les lliçons que el nou present ens reclama: si no tenim clar que la presó no pot ser un límit a l'exercici de drets fonamentals, ens serà impossible avançar.

I avui, des de la presó, continuo convençut que hem nascut per ser lliures, i no pas soldats.

El pressupost que l'Estat espanyol dedica a la cosa militar («Defensa», en diuen!) és d'un 3 % de la despesa pública. Cada any i sense haver d'anar a cap guerra! Uns 15.000 milions d'euros any rere any. Mare meva, com han aconseguit que acabem normalitzant coses que són un despropòsit monumental! El pressupost de la Generalitat per a cultura no arriba ni a l'1 % de la seva despesa, 300 milions encara no. I amb això ja està tot dit.

A casa nostra, la convicció noviolenta, tan fortament arrelada en la societat civil, s'inscriu en una tradició i un llegat de lluites compartides que, per no anar més lluny, pot remuntar-se a la resistència antifranquista amb les batalles veïnals i sindicals. O a moviments amb tant d'èxit com va tenir el dels objectors i insubmisos al servei militar. Hi ha, a més, als Països Catalans, referents que han marcat de manera definitiva la força de la noviolència com a nervi del moviment d'alliberament nacional i social, i en dir-ho evoquem de seguida Lluís Maria Xirinacs. O avui, la lluita de la PAH.

En tot cas, hi ha moltes tradicions en el marc de la noviolència global. I de totes en podem treure aprenentatges. Perquè és cert que cada situació, cada època i cada context històric són irrepetibles, però també ho és que dels camins ja fets per d'altres se'n treu experiència adaptable als nous. Perquè, a més de les complicitats amb la gent que ha lluitat per causes justes en altres moments i circumstàncies, a més de la solidaritat necessària, hi creix la fraternitat entre lluites que es reconeixen com a compartides.

I sí que hem d'anar fent balanç. No pas per rabejar-nos en cap repartiment de responsabilitats ni, encara menys, de retrets, perquè no podem dedicar energies a buscar culpables, sinó per fer balanç. Encerts i errors i visió general i aquesta mena de coses.

D'entrada, potser hauríem de tirar la vista una mica més enrere. I tenir present on érem fa només vint o trenta anys i on som avui. I com avancem, per tant. De seguida, recordar, per exemple, que l'1 d'Octubre neix de la mateixa deu que ja ens havia dut a l'èxit del 9 de novembre del 2014: aquella consulta que encara no era referèndum però que ja ho volia ser, que es va materialitzar amb 2.345.000 vots, que va donar un resultat aclaparador a favor del sí (del doble sí: vull que Catalunya esdevingui un Estat i vull que aquest Estat sigui independent) i que, tornem-hi, sembla que hàgim donat per amortitzada tan ràpidament.

Tibant del mateix fil, podríem anar a parar una mica més enrere en el temps, a les consultes populars que es van engegar l'any 2009: el 13 de setembre, a Arenys de Munt, la primera de totes, i des d'allà, en degoteig constant per viles i pobles organitzats en onades successives fins a arribar a Barcelona, l'any 2011: més de vuit-cents mil vots emesos.

«Passa el tren d'un quart d'onze del vespre i fa sonar el xiulet. També el camioner de tres quarts de cinc de la tarda. Cada dia el tren, el camió de dilluns a divendres.»

Dietari, 2/10/18

D'aquí venim. D'aquestes ganes de fer-nos sentir, de votar, que s'estenien com un dret i una alegria. D'aquesta necessitat que es va expressar amb tantíssima força al referèndum de l'1 d'Octubre del 2017.

No hem de perdre mai de vista que l'1 d'Octubre és l'acte de desobediència civil més gran de les darreres dècades a Europa. Que va ser un punt d'inflexió, una fita que quedarà gravada a la nostra memòria democràtica i un dels grans èxits de país. Que 2.300.000 catalans van demostrar la capacitat de crear col·lectivament, que van anar a les urnes perquè estaven convençuts que hi tenien dret; i, també, perquè davant del dilema d'escollir entre els drets fonamentals o acatar una suspensió del Tribunal Constitucional espanyol que no els anava dirigida directament, no van renunciar als drets més elementals.

L'1 d'Octubre és, per tant, un patrimoni col·lectiu de valor incalculable i que s'ha de preservar. La potència d'aquell esdeveniment anirà agafant encara més força amb el pas dels anys. I el retrat de l'Estat espanyol en la seva resposta quedarà fixat: un miler de ferits per sortir a manifestar-se, polítics a la presó i l'exili per posar urnes, activistes empresonats per cridar a la participació. Reconec que encara porto malament veure que s'intenta malbaratar el poder d'aquest llegat. Segur que moltíssima gent que va posar-hi tantíssimes hores, i el cos (o un ull, literalment, un ull!), també.

Val a dir que, igual que és clau remarcar la importància i la fita de l'1 d'Octubre, s'ha d'assenyalar què va passar dos dies després, a la desbordant vaga de país. Perquè va ser aquest acte de dignitat col·lectiva el que va provocar que el Rei d'Espanya s'aixequés de la poltrona perquè veia que Catalunya se n'anava.

Que tenia la intenció de fer-ho.

Que no era cap broma.

L'element constatable des de tots els punts de vista és el canvi transcendental que els fets de la tardor del 2017 ha generat en el nostre imaginari col·lectiu. Transcendental, perquè és realment important per si sol i perquè té transcendència en els dies que el segueixen, en els anys que vivim. I en els que vindran.

El canvi? D'entrada, l'evolució col·lectiva que el va propiciar, la constatació de la necessitat i de les viabilitats, el decisiu passar de considerar la independència com una nebulosa de desitjos, una cosa hipotètica i improbable, a veure-la com una possibilitat real i previsible. Una decisió, en tot cas, que els catalans i les catalanes teníem la possibilitat, i el dret, de prendre.

Per si això no fos prou, hi va haver també les formes, el mateix camí que ens va dur al gran acte d'empoderament democràtic que va ser el referèndum de l'1 d'Octubre: el cicle que porta al 2017 és un cicle de mobilitzacions que són aprenentatge en estratègies de noviolència. Algunes, ben mirat, molt efectives. I això també té una importància enorme. Enorme. Perquè hem començat a socialitzar, a practicar, a familiaritzar-nos amb les formes de la lluita noviolenta. Al marge o en paral·lel als esforços institucionals, hem dut a terme un entrenament positiu i en positiu. Sense acabar de ser-ne conscients, probablement.

Si ho mirem bé, aquella primera etapa es podria catalogar com una proposta de mobilitzacions pacífiques que globalment i estrictament no s'emmarcaven dins de l'estratègia noviolenta: expressaven la voluntat d'independitzar-se que té una part cada vegada més àmplia de la societat catalana. La determinada voluntat d'independitzar-se.

Això sí.

I va ser un canvi de cicle important.

Però no hi havia proposta estructurada de vagues, de boicot, de no-cooperació amb l'Estat, de desobediència civil, d'intervenció noviolenta.

De fet, d'alguna manera ens vam saltar les fases que aquests processos solen necessitar (cadascun segons la seva realitat, òbviament). El moviment d'emancipació català contemporani s'ha desenvolupat sobretot, d'entrada, sobre la base d'una acció institucional que ha permès consolidar i anar creant una identitat política col·lectiva compartida per un ampli nombre de catalans i catalanes, dels quals se solien considerar independentistes al voltant d'un 20 %. Que va anar creixent. I les mobilitzacions, també. Lligades estretament a la reivindicació del caràcter democràtic de la proposta autodeterminista. En una estratègia d'acció institucional combinada amb mobilització popular, el percentatge de població que vol votar que sí en un referèndum d'autodeterminació no ha parat de créixer, durant el segle XXI. D'aquell 20 % al més del 50 % actual.

Fins a arribar a la tardor inoblidable, hem format part d'un procés que ha anat creixent i desenvolupant-se en l'àmbit de l'acció noviolenta de tradició gandhiana: es posa el focus en l'àmbit de l'opinió pública i, aquí, la idea primera és augmentar la legitimitat del moviment. No hi ha hagut, fins ara, accions instrumentals amb la intenció de crear pressions a l'Estat mitjançant la coerció noviolenta (com ara processos d'impagament d'impostos o boicots econòmics o etcètera).

Com sabem, el referèndum de l'1 d'Octubre va ser un acte de desobediència civil massiu. Grandiós, mai no em cansaré de recalcar-ho. Preciós. Perquè, quan directament i decididament es va continuar apostant pel referèndum (i fent-lo possible) malgrat que el Tribunal Constitucional espanyol havia suspès la llei que l'emparava, es va marcar clarament un canvi d'estratègia.

Amb tot, va ser un canvi no consolidat. És a dir, sense continuïtat: no hi havia prevista la possibilitat de resistència noviolenta per mantenir i defensar el resultat de les urnes.

Potser és que ens vam saltar etapes i vam passar de la mobilització explicativa i cohesionadora a proposar institucions alternatives sense haver transitat abans per cap procés diguem-ne «destituent» de l'Estat. I hi va haver aquell concepte de traspàs civilitzat que era el «de la llei a la llei», l'acció institucional acomboiada per les mobilitzacions populars que pretenia poder substituir les institucions de l'Estat espanyol per unes altres de noves, de pròpies. Per a aquest traspàs civilitzat, val a dir, no es va tenir en compte la possibilitat d'una reacció violenta de l'Estat existent ni la dificultat, fins i tot la impossibilitat, de saltar-se, tan sols pel fet d'haver-ho volgut, les fases del procés emancipador.

Un altre dels grans aprenentatges: enfortir-nos també implica desemmascarar els poders de l'Estat. Al seu moment potser no ho vam saber llegir bé. Ara és inajornable treballar per aconseguir-ho.

Després del referèndum de l'1 d'Octubre, de la repressió que l'Estat va desencadenar en contra dels catalans, la política ens va quedar en mode desconcert. La sortida, que per força n'hi haurà, no només implicarà traçar una estratègia compartida, sinó també, i sobretot, la capacitat i la disposició de poder-la dur a terme.

No sabem, ara, què ens tocarà desobeir, però només la consciència d'estar disposats a fer-ho i assumir-ne plenament les conseqüències (que de cap manera no vol dir reconèixer-li, al càstig, cap legitimitat), ja serà un pas de gegant. Potser una de les primeres coses que ens cal vèncer és l'estranya necessitat infantil que algú ens faci arribar una consigna per seguir. Mentre esperem el dit que ens mostri el camí no fem sinó això: esperar. Que el nostre líder sigui la veu de la nostra consciència i la voluntat insubornable de no assumir més renúncies en nom de la «normalitat». Que tothom s'afiliï, es faci soci o membre de l'organització que tingui més a prop (i d'Òmnium), que ningú no es quedi a casa. És en aquest petit gest (petit en aparença) en què comença la veritable resposta.

En tot cas, aquella etapa de desobediència institucional empesa i acompanyada per la massiva mobilització del poble, que això és el que hem viscut en aquest país des de començament del segle XXI, ens va dur fins a la consecució del referèndum del 2017. Que és una fita clau. Un esdeveniment catalitzador capaç de conduir-nos a una etapa nova. A nosaltres ens correspon fer (continuar fent) de societat civil. Preparar-nos per als passos següents.

«Tingues clar quina peça vols fer abans de començar a modelar res.» Aquesta va ser una de les primeres lliçons d'en Kader, mestre de ceràmica.

Hem viscut un temps de desconcert. Que no sé si era inevitable, potser sí, després de la sacsejada repressiva, d'aquesta vida sota amenaça que se'ns ha instal·lat a casa. L'hem viscut però ja està: no hi podem pas romandre de manera indefinida.

Recordo una tertúlia, a la ràdio, remembrant el 27 d'octubre del 2017, quan el Parlament de Catalunya va votar, i aprovar, la declaració d'independència i la constitució de la República catalana. N'era el primer aniversari, i hi havia, per parlar-ne, un representant de cada partit polític. Més que no pas el que hi van dir, que de tan previsible no valia la pena ni de sentir, me n'ha quedat la sensació. Tampoc pel tema, sinó per la forma. Perquè no hi va haver res que incités a res. Ni tan sols a retopar. Cap estímul per a la reflexió o per a la contradicció («doneu-me un bon contradictor i crearé les més excelses teories», que deia Joan Fuster), cap bri d'empatia, res. Simplement ocupaven l'espai que els anaven repartint i l'omplien de missatges coneguts i repetits. Tothom parlava, ningú no s'escoltava. I no era perquè els representants dels partits no fossin de qualitat, ni per manca de coneixement, no: era un mer farcir el silenci com si es tractés d'un gran, permanent i simple espai electoral.

De vegades em pregunto si això, aquella tertúlia ensopida, no és un reflex del perill que tenim tots, de mercantilitzar la política i *partiditzar* la plaça pública.

«Antic jurament que els catalans feien als seus reis: "Nós, que valem tant com vós, jurem davant vós que no sou millor que nós, que junts valem més que vós, i que us acceptem com a Rei i sobirà sempre que respecteu nostres llibertats i lleis, però si no, NO".»

DIETARI, 18/9/18

Deia l'historiador i activista pels drets civils Howard Zinn a Baltimore, l'any 1970: «La desobediència civil no és el nostre problema. El nostre problema és l'obediència civil. El nostre problema són les persones que obeeixen les ordres de dirigents dels seus governs i que, per tant, han donat suport a guerres. Milions de persones han mort a causa d'aquesta obediència. El nostre problema és l'obediència de la gent quan la pobresa, la fam, l'estupidesa, la guerra i la crueltat sacsegen el món. El nostre problema és que les persones siguin obedients quan les presons són plenes de petits lladregots i els més grans delinqüents del planeta són al capdavant dels governs mundials». Les hem repetit sovint, aquestes paraules. Una altra vegada encara: el nostre problema és l'obediència. Per tenir-ho clar.

A Lledoners hi havia un funcionari que ben semblava que gaudís fent males passades als presos. Sempre trobava la manera. Petites coses. Ínfimes misèries que reclamaven, tanmateix, una veritable dedicació. Que per aquí no hi pots entrar. Que ara no et permeto tornar a buscar el llibre que t'has deixat a la sala. Que passen dos minuts de l'hora. Coses per l'estil.

No sempre guanyava ell, però.

De fet, ben mirat, no guanyava mai.

Als vis-a-vis no s'hi pot entrar menjar de fora. Ni res. Un cop a dins no en pot sortir ningú. Per això, a l'economat de la presó hi comprem refrescs, llaminadures, coses per picar i fer una mica de vermut o el que sigui amb la família. Un detall que els pots oferir.

El dia que em va tocar vis-a-vis en el torn d'aquell funcionari de l'amargor, va decretar que no hi podria entrar les quatre coses que havia comprat, la miqueta de formatge per a la Txell, els sucs que agraden a l'Amat. I si avui ho escric no és tant per reportar el petit acte cruel, que tampoc no va ser, ni de bon tros, l'únic que he viscut ni el més significatiu, sinó per explicar què va passar després. Perquè la resta de presos polítics no va trigar ni cinc segons a tornar a omplir-me el farcell: en Turull, galetes; en Rull, crispetes; en Forn, patates fregides.

I l'Amat es va atipar com un lladre.

Ja no recordo com es deia el funcionari aquell.

Que no ocupi ni un bri dels meus pensaments, que me'ls enfosquiria: els netejo amb galetes, crispetes, patates fregides.

De vegades, però, les tensions no les provocava el funcionari que, pel que fos, ja ens tingués una animadversió prèvia, sinó els altres. I aquests penso que són els significatius. Els de l'obediència banal que descrivia Zinn.

Tinc gravada a la memòria una curta conversa amb un funcionari de Lledoners que em sembla que ho explica. Era bona persona. Jo venia d'un permís, encara emocionat dels fills, la família, atabalat de la feina, tantes coses com mires d'encabir en tan poc temps. Havia arribat deu minuts tard. Eren les nou de la nit. Ell plegava a les deu. Treia foc pels queixals. I, al final, em va dir això:

—La vostra presó és injusta, però jo he de complir el que diuen la llei i les ordres.

—Sempre? —li vaig preguntar.

—És clar, sempre —em va respondre.

—Encara que consideris que l'ordre és injusta?

—Sí, sempre.

—I si l'ordre és que m'has de matar?

[Silenci.]

L'acció noviolenta és un mètode de protesta i de transformació. Conscient, organitzat, amb la determinació explícita d'incidència política. Que no descobrirem la sopa d'all, ara, nosaltres, és clar, que fa molt de temps que ha estat teoritzada i practicada (i fins i tot amb èxit) en moltes parts del món. Però que potser va sent hora que ens hi familiaritzem seriosament.

Una definició clàssica del terme és la que va establir Gene Sharp, politòleg i fundador de la Institució Albert Einstein: «L'acció noviolenta és un terme genèric que aplega desenes de mètodes específics de protesta, no-cooperació i intervenció en els quals els activistes condueixen el conflicte fent (o deixant de fer) determinades coses sense emprar la violència. Com a tècnica, l'acció noviolenta no és passiva, no és inacció: és acció no violenta». Vet-ho aquí.

El posicionament noviolent, i malgrat el seu mateix nom, no s'ha de considerar només per la negació de qualsevol actitud o estratègia vinculades a la violència. En realitat es defineix positivament perquè obliga a considerar totes les vies, les iniciatives i les accions, amb excepció tan sols de les violentes. Es defineix, per tant, com una actitud positiva, proactiva, constructiva: obre el ventall de possibilitats. I ho fa amb exigència: obliga la imaginació activista i política a explorar totes les vies de mobilització, organització i acció, des de la perspectiva de la seva viabilitat, operativitat i, sobretot, efectivitat. Per això, tant en català com en anglès s'escriu sense guionet. La noviolència no és només l'absència de, no és només la *no-violència*: es defineix com un compromís rigorós i que demana estratègia, organització i disciplina, que obliga a articular de manera responsable una acció política per incidir en la realitat de les coses.

Aquest matís distingeix la lluita noviolenta del pacifisme tradicional. Per això, quan se subratlla que el moviment independentista, autodeterminista, sobiranista català és noviolent, significa que és pacífic, sí, però, alhora, alguna cosa més: aquesta convicció que globalment alimenta els moviments noviolents, la posada en marxa d'iniciatives que no renuncien a generar tensions i conflictes, incomoditats i enfrontaments amb l'Estat per totes les vies democràtiques i, també, noviolentes. La noviolència no tanca cap porta, sinó que permet obrir-ne moltes. Fins i tot insta a fer-ho. A trobar-ne de noves, vies en les quals habitualment no es pensa.

Seguint les etapes que defineix Sharp, diria que a Catalunya tot just som a l'escenari de la protesta i la persuasió, lluny de la no-cooperació i encara més de la intervenció noviolenta i, per tant, d'actes de desobediència civil massius. Sigui quina sigui la gradació de l'acció noviolenta que mirem per a l'anàlisi, sempre trobem que el nostre moviment encara està en fase inicial. Que cada fase pot durar més o menys i prendre tons propis, però que estem al començament. En l'esquema que marca els graons de preparació, estructuració, expansió, desafiament i conciliació, posem per cas, l'octubre del 2017 ens situaria en el pas entre la preparació i l'estructuració. Ens ho explicava el professor nord-americà especialista en mediació i resolució de conflictes, el bon amic John Paul Lederach: «La tradició de mobilització catalanista ha tingut en compte des de fa dècades la importància de les fases de preparació cultural que autors com George Lakey han proposat com a fonamentals per poder llançar un moviment».

El moviment independentista català, des de la pluralitat constitutiva i dinàmica, tot just si ha encetat la transició de les formes d'acció institucionals a les noviolentes. I no podem predir ara (ni mai, segurament) cap a on evolucionarà, si persistirà en les accions institucionals que busquin suports per a un canvi constitucional i que comptin amb mobilitzacions populars igualment legals, o si continuarà el camí iniciat l'octubre del 2017 cap a l'estratègia de desobediència civil, cosa que comporta afegir a la mobilització l'estructuració i l'organització de la lluita noviolenta (és a dir, accions de no-col·laboració, un ampli ventall de possibilitats en què la creativitat ocupa, com ja hem començat a veure, un lloc primordial).

No podem establir en abstracte cap a on anirà el nostre moviment emancipador, però diria que és molt possible que sigui una suma de totes dues vies.

Si sospesem el camí que hem fet fins ara, amb esperances i errors i marrades i sorpreses i tantes coses com hem viscut, haurem de

«Dos anys del referèndum. Autoestima.»

DIETARI, 1/10/19

prendre consciència que la fase de lluita institucional acompanyada de mobilitzacions populars que ha culminat amb el referèndum de l'1 d'Octubre ha estat un èxit extraordinari de la societat civil.

Ho torno a escriure per recalcar-ho: un èxit extraordinari.

Perquè ha permès que l'independentisme cresqués fins a assolir una persistent majoria electoral (diversa, mòbil, així com som: majoria). Perquè ha construït un projecte il·lusionant amb un fort accent social i inclusiu que ja li forma part estructural. Perquè s'ha dotat d'una notable i històrica legitimitat democràtica. Perquè ha creat una forta cohesió col·lectiva sense fer-ne, alhora, un espai tancat, ans al contrari: les incorporacions hi són contínues, benvingudes, i el transformen. Perquè ha projectat internacionalment el cas català, aquesta necessitat de llibertat i aquesta voluntat d'aconseguir-la. I perquè ha fet (i ens ha fet) creïble la proposta de la independència.

Arribats a aquest punt, i cruament constatada la reacció violenta de l'Estat espanyol, caldrà fer un pas endavant en el camí que ens va obrir l'1 d'Octubre, pujar un graó i encarar, més d'hora que tard i seriosament, l'estratègia noviolenta, l'estructuració i l'empoderament d'un moviment conscient de desobediència civil.

Tot això demanarà temps i hem vist que no estarà exempt de dificultats. Però és que ja les hem anades superant. N'aprenem en la pràctica. També a refer-nos de la frustració si fracassen algunes accions. A convertir la repressió en estímul per avançar units.

Fer un pas endavant és això, precisament: no sucumbir a la desorientació, constatar que tenim brúixola i consciència dels aprenentatges que ens han conduït fins aquí; què ens ha permès tirar endavant, què ens paralitza; no enganyar-nos i tampoc no compadir-nos. Res de fum, res de claudicacions. La determinació és això: saber què ens ha portat fins on som, mirar què ens manca encara. I, des d'aquesta materialitat, comprendre que quan direm que el futur és a les nostres mans ja no serà una simple frase feta.

La vida

Al començament de tot, quan no sabíem els anys que ens tindrien tancats, quan ni tan sols no gosàvem pensar-hi gaire o fins i tot semblava només una possibilitat exagerada, algunes d'aquelles primeres cartes que rebia (força i estima, i contempla el present com l'únic moment real de l'existència) em deien que havíem estat valents de jugar-nos-la, bo i tenint fills. I comprenc el punt de vista, però jo no ho contraposaria.

Ara que escric això, des de la presó de Lledoners, el meu fill gran de quatre anys ha fet més de cent mil quilòmetres en tres anys i mig per poder estar dues hores i mitja cada quinze dies amb el seu pare dins d'una sala de vuit metres quadrats. El meu fill petit, que té un any i mig, només ha viscut amb el seu pare l'equivalent a vint-i-dos dies de vida.

En tot aquest temps, però, sé que hem estat units. Que he format part del seu dia a dia, del seu creixement. Per telèfon, a les visites, a les cançons, als jocs, als contes que els llegeix la mare, a les coses que ja van aprenent.

Cada mes, el dia del seu naixement els he escrit una carta. Per a quan sàpiguen llegir. Per a quan vulguin. Ho visc amb felicitat. No vull estar trist. Més que per a ells, diria que ho faig per a mi.

«Tinc l'esperança intacta.»

Dietari, 25/10/17

Des del primer dia de l'empresonament, la seva mare i jo vam exposar la situació a l'Amat, encara que pogués semblar que no ho entendria. De manera planera, amb paraules i un to que li expliquessin la realitat sense ferir. Si em preguntava per què no tornava amb ells dos, amb ells tres, quan ja hi va haver en Camí: «Al papa li agradaria poder venir, però uns senyors que s'equivoquen han decidit que volen que estigui tancat a la presó. Nosaltres els expliquem que no tenen raó i que han de deixar que puguem estar junts. Ho aconseguirem».

Quan vaig llegir aquell text de Natalia Ginzburg sobre l'educació dels fills, de seguida li ho vaig copiar a la Txell. Que de les poques obligacions que hi tinguem, aquesta en sigui una: no ensenyar-los «les petites virtuts, sinó les grans. No els hem d'ensenyar l'estalvi, sinó la generositat i la indiferència cap als diners; no la prudència, sinó el coratge i el menyspreu del perill; no l'astúcia, sinó la franquesa i l'amor a la veritat; no la diplomàcia, sinó l'amor al proïsme i l'abnegació; no el desig de l'èxit, sinó el desig d'ésser i de saber».

Durant els primers temps, vaig pensar molt en la petita Muriel. És la filla d'en Jordi Bosch i la Nel·la Saborit. Aleshores encara no existia. De fet, vaig conèixer-ne l'existència just el dia que em van tancar. Vam dinar a Madrid, abans de tornar a declarar a l'Audiència Nacional, i allà en Jordi m'ho va dir: que esperaven una filla i que es diria Muriel. I va ser una emoció. Gairebé un símbol.

Tan fràgil, aquella criatura que encara no havia nascut, i ja era una determinació.

I en la filla d'en Jordi Gabarró, el meu cap de gabinet, i l'Alba Ortínez, també vaig començar a pensar-hi, poc després. Les notícies em van anar arribant d'una manera o d'una altra, aquell primer novembre congelat: que són a l'hospital, que ja ha nascut la nena, la vigília d'una nova vaga general contra la repressió, que es dirà Júlia.

Visca!

La vida que s'obre pas, que no demana permís, i que ben fet que fa. I que malgrat la repressió, els nens venien.

Amb la meva companya tenim molt clar que no renunciarem a continuar construint la nostra família. I aquest temps, aquests anys, no hem deixat de modelar-la. La part que sembla més senzilla, les petites coses, crear-se espais, records, evocacions i projectes que siguin propis per sobre de tota circumstància, és potser la que d'entrada més s'ha de treballar, sense renunciar a l'espontaneïtat. Després, quan roda, ja va sola i constates que, si per la porta entren els teus fills i la seva mare, passen per davant de tot. I aleshores els murs, la pintura tètrica de merda d'oca i el pansiment general queden reduïts a l'ínfima importància que tenen. Perquè has celebrat l'aniversari del petit Amat i heu repassat de memòria els dibuixos de l'habitació (un pop, un sol rebonic, un arbre amb un ocell que ens recordi aquell poema, i un submarí de color groc-groc-groc), perquè després s'ha adormit i una família també es construeix amb una manta rosegada i gastada i una cançó i heu rigut i heu menjat pernil de l'economat amb aquell

«Sé que l'Amat tindrà la certesa que el seu pare no volia acabar a la presó, però que tampoc no podia deixar de lluitar pels nostres ideals pel simple fet de tenir por d'anar a la presó.»

DIETARI, 25/10/17

pa que infla tant i l'Amat s'ha despertat i l'has tingut a coll tant de temps com has pogut, i quan li cantes la cançó favorita aixeca les celles i es queda tot concentrat. La cançó, que fa així: «L'elefant del *parque* diu que està malalt, té una pota coixa i l'altra li fa mal. Van a buscar el metge, el metge principal, que li cura tots els mals!».

Que sí, que seria «parc». Però que tal com me la cantava la mare, la transmeto jo.

«No he nascut per compartir l'odi, sinó l'amor.» Per què algunes frases, encara que siguin de fa segles, o mil·lennis, com la veu en vers de la desobedient Antígona, poden colpir-nos encara tant? Com si Sòfocles les hagués escrites avui, com si ens parlessin directament al que sentim ara mateix. Tenia raó Joan Francesc Mira quan deia: «Proveu d'eliminar els clàssics llatins i grecs de les vostres vides i no quedarà res, no serem res».

Només la constatació que dins de la *Ilíada* i l'*Odissea* ja hi trobem els arguments universals de la literatura em sembla un fet d'unes dimensions excepcionalíssimes. En els mots lúcids del mestre Mira, que vaig rebre en els primers temps de Soto del Real, hi vaig retrobar la veu sempre imprescindible del País Valencià, les converses sobre Joan Fuster, sobre la complexitat del sud irredempt, el privilegi de seguir-li els passos, al costat de la Muriel, en una emocionant ruta guiada per la València de les Corts i dels Borja, dels mercaders de la Llotja i dels dracs modernistes, la cotorra del mercat i el pardal de Sant Joan.

Les paraules de Mira van ser record i esperó també, companyia per a les lectures que tot just iniciava.

Antígona és moltes coses, cada època n'hi troba de noves, i aquest és també el seu poder invicte. La rebel·lió contra la injustícia, la dignitat d'assumir els propis actes i reivindicar-los davant el poder formal, davant la força del rei. Antígona és l'acció ètica per sobre de la llei que s'imposa sense valors, menystenint els valors, negant-los. Creont, el monarca, deixa Polinices sense sepultura fora de les muralles i ella, que sap que per això serà castigada amb la mort, desafia el perill i ofereix al cos del seu germà els honors fúnebres que li han estat negats. El discurs d'Antígona davant Creont, plantejat d'entrada en termes d'acarament entre les lleis dels déus i les de la Terra, té una fondària que ofereix lectures actualíssimes.

Faig els anys el 22 d'abril. Suposo que per això els pares em van posar Jordi, perquè tenien el 23 tan a tocar. I perquè Acèpsimes o Epipodi o Soter no els devien acabar de fer el pes. Però Jordi, sí. I me n'alegro. Que després suposo que m'hi hauria acabat acostumant a Parmeni, Agapit, és clar que sí, però que Jordi ja m'està bé.

Al migdia del primer aniversari que passava a la presó, vaig telefonar a la Txell. Se sentia de fons un rebombori gros. Havien tingut la idea d'organitzar una festa al meu poble, a Santa Perpètua de Mogoda, i allò s'havia convertit en un concert per la llibertat d'expressió. I per aquella telefonada hi van anar passant la família i els amics de prop i de lluny, un munt de gent, moltíssima, només de dir hola i t'estimo i força i hola també, i va ser brutal: la Maruja i l'Antonio, que són els pares, i en Pol i en Leiva i en Titot i la Laura Borràs i la Clàudia Pujol i en Dani Codina i en Marcel Mauri i la Laura Galí, i quan el petit Amat deia «papa» se sentia la Dharma des de l'escenari cantant «la gent vol viure en pau i a quatre desgraciats no els dona la gana». Tants cops que l'havia escoltada a tot drap des de la meva habitació del carrer de Sant Ramon i ara ressonava per tot el poble i semblava fet expressament. El millor regal del món. El telèfon va tornar a la Txell i em va dir que la Marina Rossell ens havia dedicat... I es va tallar. El temps és limitat. Cinc minuts i prou. No hi ha espai per a la retrucada.

La felicitat, però, ja era immensa.

Quin gran aniversari.

Inoblidable.

El primer cop que vaig llegir la frase, vaig pensar que era una *boutade*. Ja hauria d'haver vist que no, perquè Étienne de La Boétie no gastava frivolitats a l'hora de reflexionar sobre la llibertat. Ni sobre l'amistat. Ni sobre la tirania. Ni sobre la submissió. Ni sobre res, les frivolitats.

Però jo, d'entrada, a la cel·la, sota el flexo, en llegir que «Ser lliure és, en el fons, voler ser lliure», vaig pensar això, que home, és clar, tothom ho vol, quina obvietat. De seguida, per sort, em vaig aturar a pensar-hi. Aquesta voluntat imprescindible. Aquest desacostumar-se a la servitud. I sí, certament, que molta gent voldria ser lliure i viu sota el jou de l'opressor (patriarcat – comunitat – Estat – religió) per por (també legítima) del preu de la llibertat, que en casos extrems pot ser la mort. Per això cedeix totalment o parcialment la seva pròpia voluntat a la voluntat de terceres persones o institucions. Al capdavall, que decideixin per un mateix pot tenir justificació en circumstàncies tècniques, o quan anem al metge o al mecànic, però en allò nuclear no n'hauria de tenir cap. I això ens ho haurien d'ensenyar des de petits. I hauria de ser-nos eix de comportament a l'escola, a casa, a la feina, al carrer, a la vida. Un caràcter no s'improvisa, una manera de viure, tampoc.

Als locutoris, als vis-a-vis, cantem, de vegades, amb els meus fills. O els canta l'àvia Maruja, també, quan hi pot venir. «Vella xiruca» convertida en tonada de bressol per adormir-hi l'Amat. I ho aconsegueix.

Hi he vist moltes primeres vegades: com l'Amat començava a fer tentines. Perquè va ser poc de gatejar, ell: de seguida es va voler posar dempeus i era preciós de veure. I el primer cop que menjava xocolata. Era un divendres. Vuitanta per cent de cacau. Mans embetumades. Els pantalons de la granota embetumats. Els ulls embetumats, oberts de descobrir el nou gust, meravellós i amarg de la xocolata. El primer cop que va tastar olives, que d'entrada no s'hi atrevia i a la tercera o quarta ja no hi havia qui l'aturés. Quan va alçar el braç per dir-me adeu. A còpia de veure-ho de totes les famílies que s'acomiaden als locutoris, ell, un dia, també.

I no ens hem estat de res: li he donat la farineta de cereals i l'olor m'ha tornat als temps en què en Polete era menut: quina onada d'amor i quin poder d'evocació, l'olfacte! Hi he jugat a la serpentina gegant amb un rotlle de paper de vàter, a cridar la mosca, a la pilota invisible, els pirates, el pop i l'astronauta, la formiga Enriqueta i tots els animals del món. Hem cantat «El gripau blau» i hem comptat petits indis fins a deu. Totes les cançons de campaments. Tantes com he anat recordant: «El ciclista de pega», «Ai adéu, cara bonica», «Dins la fosca» i, sobretot, en «Puff, el drac màgic», que mira que acaba malament aquest coi de cançó (tant, que, en fi, me li vaig inventar un altre final que explica que al cap dels anys el nen, que ja és gran, torna amb el seu fill perquè jugui amb en Puff).

Tot aquest temps he après que cal saber gaudir del regal que et fa la vida en cada moment. En cada moment. De cada emoció, també. De cada sentiment. Sigui quin sigui. Perquè és ben teu i no es tornarà a repetir. Així que si el teu fill s'adorm al vis-a-vis, d'entrada has de bregar amb aquesta frustració primera, aquest pensar que quina llàstima, tant de temps esperant per veure'l i ara mira com passarà la mica d'estona que teniu, però després resulta que una de les trobades més boniques que recordaràs va ser, precisament, així, i et va deixar tot el cos empeltat de l'Amat mentre dormia, de tanta pau com desprenia el seu tímid respirar.

Mai no hem deixat de fer plans, amb la Txell. Som conscients que no podem apamar el futur a curt termini (ni a mitjà termini tampoc, segurament), però fem plans. Qui se'l sap, el demà?

Quan per fi ens vam poder tocar, en aquelles sales de vis-a-vis, i parlar-nos a cau d'orella, planificàvem fugues de pel·lícula: astúcies, disfresses, helicòpters, treure ferro a la circumstància per una estona, saber-nos lliures malgrat tot.

I un dia de tardor vam decidir casar-nos.

I ens vam casar.

Ho vam organitzar tan discretament com vam poder. Per tenir aquell dia esplèndid, aquella cerimònia senzilla que polvoritzés tots els murs com ho va fer. Aquell dia va ser així: nostre.

«L'amistat és una màquina de guerra contra les comunitats d'obediència», deia La Boétie, i m'ho faig meu. «S'alimenta del debat, de concessions, de coses compartides, perquè es tracta de fer, mitjançant la comuna i mútua declaració dels nostres pensaments, una comunió de les nostres voluntats».

La colla del poble sempre hi ha sigut. Quan me'n vaig anar a Barcelona, quan passava tant de temps sense veure'ls, i també ara, que no hi puc parlar encara que vulgui. No crec que sàpiguen la força que m'encomanen només de saber que ens tenim els uns als altres. Tants anys... Ells sempre hi han sigut, en tots aquests anys de presó i en els moments més durs i més tristos, però també en els més feliços. Sempre. Trobant mil maneres diferents, imaginatives, per poder-nos abraçar (de lletra o de

«Ahir, al 3/24, la Txell es va gratar l'orella esquerra. És el senyal de "penso en tu", com a la pel·lícula d'Antonio Merceno, *Espérame en el cielo*.»

DIETARI, 11/9/18

paraula dita o de carn i ossos: abraçar), mig dormint a la intempèrie per ser al davant de la cua i entrar de públic al judici, jo no sé quantes coses han arribat a fer per mi, amb aquella incondicionalitat, perquè sí, perquè som amics.

«Recorda-ho bé: aquí tots som iguals, cent euros de peculi, dos vis-a-vis al mes, vuit trucades de cinc minuts a la setmana i una cel·la de vuit metres quadrats. Si no ho oblides mai, la vida a la presó no et serà tan dura»: aquest va ser el missatge de benvinguda al mòdul 4 de Soto del Real, l'octubre del 2017. Un consell clau, assenyat, que vaig mirar de tenir sempre present. Me'l va donar en Mauricio, un colombià establert a Madrid a qui la vida havia deixat de somriure després de molts anys de viure entre ostres i xampany i superfluïtat. Ara era un pres preventiu amb una família que se li fonia entre els dits.

En una presó, aquesta estranya comunitat humana generada per força, coneixes històries de vida que no passarien el filtre de la versemblança en cap relat de ficció. Històries dures que parlen tant de la complexitat humana com de les dificultats econòmiques i socials. I sí, hi ha temps per mirar-te cap endins i provar de comprendre't; per aprendre dels altres, igualment. Saber ser pacient amb un mateix. Cal deixar-se emportar per la intuïció i tenir els ulls oberts, és cert; però el cor també.

Com amb en Rubén, que amb tot just quaranta anys gairebé en fa la meitat que és a la presó. El seu historial fa posar els pèls de punta. Ens trobem al taller de ceràmica, dos mons tan diferents que parlen mentre jo faig rodar el torn i ell pinta, i acabem forjant una amistat que el porta convidat a la Nit de Santa Llúcia de Sabadell, l'any 2018, bo i aprofitant un dels seus primers permisos. En va tornar entusiasmat i ple d'autoestima: «Tot això feu a Òmnium?».

Conèixer-nos i reconèixer-nos millor els uns als altres, aquest és el gran repte que tenim. Repte de país, també.

Somric força, ho reconec. Somric sense pensar-hi i perquè sí i perquè em surt somriure. També somric a consciència. Per allò que diuen de les arrugues que et forges a la vida, i que et modelen la cara que faràs quan siguis vell. I perquè som el que fem. I somric com un acte de comunicació política, també.

Això darrer és el que va passar durant el judici. Tantes hores asseguts en aquell banc, exposats a la intenció de l'escarni públic, expressament un graó per sota de les togues i l'atrezzo general, vaig decidir somriure. Per comunicar-me així amb les persones que, més enllà d'aquelles parets de l'ostentació, ens poguessin veure a la tele o com fos. Per mostrar també la inutilitat d'aquell escarment. Perquè no volia que enlloc no trobessin cap compungiment que servís per alimentar la idea d'aquell explícit «vigileu, ciutadans que aneu a peu, que si sortiu de la cleda que us hem marcat acabareu tristament asseguts en aquest banc». Modestament, intentava transmetre la sensació contrària: no tingueu por.

De fet, el somriure era l'única cosa que no ens podrien prohibir, la millor demostració que tenia la consciència ben tranquil·la i que els seus rituals pomposos, vestits de negre i esforçant-se

«El petit Amat ja diu els números i els colors. Dels segons, no n'encerta tants, però li encanta repetir-los igualment.»

DIETARI, 2/12/18

a parlar d'aquella manera que costés d'entendre'ls, enfilats a les butaques folrades de vellut, ja no ens impressionen ni gaire ni gens. En Llach ho cantava posant-hi silenci, i jo li ho vaig copiar. Perquè en això pensava, precisament, en la voluntat de fer del somriure, paraula.

Tan menudet, tan benvingut: quan va néixer, es va dir Camí. I Walden, també. Li vam posar aquesta espècie de *middlename* en homenatge a en Thoreau, el pare de la desobediència civil moderna i alhora un naturalista visionari, l'home dels dos anys, dos mesos i dos dies a la casa de fusta de Connecticut, aïllat dels humans per viure en harmonia amb la natura en el seu viatge més llarg.

N'estàvem convençuts, de tenir un segon nadó. Ho vam parlar i reparlar i vam establir que endavant amb la vida. Ni la presó ni l'Estat no ens robaran les ganes de continuar amb l'aventura.

Des del primer minut ho vam viure amb tota la il·lusió del món. Com qualsevol persona que pren una decisió així a consciència. En el nostre cas, la presó no havia de convertir-se en un impediment per ser pares. Vam decidir que no ens negaríem ni un minut de felicitat.

I vaig escriure una carta a en Camí, quan encara no hi era. Coses que fas quan t'assalta aquest sentir indescriptible que és la paternitat. Coses estranyes que fan milers de pares en milers de llocs diferents del món, que potser les diuen o que potser no o que potser un tros, com ara jo que n'explico fins on em permet el pudor.

La guardo, també, aquella carta. Per si de cas algun dia la vol llegir. Que potser em dirà que no hi ha res de l'altre món o que potser hi trobarà la força reivindicada dels gestos quotidians, però que jo només li contava que havia trucat a casa, que la mama feia un suc de taronja per al seu germà mentre l'Amat seia al marbre de la cuina igual que la mama ho havia fet al taulell de la botiga de Gràcia quan l'àvia Maria Antònia li preparava l'esmorzar; que a Barcelona el dia s'havia alçat rúfol però que aquí, a Lledoners, era assolellat; que li escrivia des de la cel·la; que aviat se m'emportarien cap a Madrid, al judici, que ja hi havia estat abans, durant nou mesos, mentre el seu germà creixia com un espàrrec. I que tinc una sensació de família que m'inunda de dalt a baix. De família i de responsabilitat. M'emociona pensar en el futur. Perquè si tot va bé en sereu dos. I anirà bé. I sé que un dia per fi estarem junts. Amb el teu germà hem après a construir el nostre amor amb la distància física, i el vincle que sentim és fort. Fortíssim. Amb tu farem igual. Me'n vaig a ceràmica.

I signava així: el teu pare, que et vol tot el bé del món!

I també: només tres paraules: vida, vida i vida!

Vaig seguir l'embaràs de tan a prop com vaig poder. Amb aquella consciència que no la podria cuidar com ella es mereixia i com jo necessitava fer. Ni cremes a la panxa, ni ser-hi si arribaven els mals d'esquena, ni converses a qualsevol hora, ni res.

Recordo com si fos ara el matí que la Txell va entrar a la sala del Tribunal Suprem: amb la panxa de vint setmanes, tot just l'espai per al caparró que ara sabem que ja era tossut de mena, per a les mans que començava a tenir tan ben formades, per al cos de granoteta que anava creixent i dient: «Eh, mireu-me, aquí dins! Aquí dins hi soc jo!».

Feina vaig tenir a aguantar l'impacte.

No havia vist la Txell de feia tres setmanes, i en aquell temps les coses ja havien canviat tant que es notaven a simple vista. Si ho miraves.

I jo no tenia ulls per a ningú més.

Amb el mateix llibre que ens havia ajudat a seguir l'embaràs de l'Amat podia imaginar-me que monitorava l'evolució del seu germà: ara ja pesa un quilo, deu haver obert els ulls per primera vegada a la vida encara que no tingui gaire res per mirar.

En Camí.

I podria ser al part.

Hi havia de ser.

L'equip d'advocats em recomanava que no em fes il·lusions, que si de cas prepararien una petició d'unes hores per poder veure el nen quan hagués nascut, que ja seria ben difícil. Però vaig insistir que la cosa era ser al part. Aconseguir aquesta mena de permisos era impossible, deien, però em vaig posar entre cella i cella la màxima de Pedrolo: cal protestar (i lluitar) fins i tot quan no serveix de res. Quan sembla que no serveixi de res. I vaig demanar informes als advocats. Que fossin ambiciosos, amb jurisprudències europees. I hi havia precedents. I ens en vam sortir.

Tot, absolutament tot a la vida s'ha de lluitar! Això també ens permet estar vius. I, sobretot, sentir-nos-en.

Amb l'Amat ens vam inventar una cançó-pregària al vis-a-vis: «Perdoni, senyor temps, no vagi tan de pressa, que nosaltres volem jugar i fer molta festa».

Perquè aquesta és una de les claus: pots passar per la vida o pots viure-la. I jo ja fa molt que no vull que el temps vagi ràpid. Ni en les circumstàncies més adverses.

El dia a dia a la presó no és especialment dur, però, en canvi, viure a la presó no és fàcil. Demana més concentració de la que podria semblar. I costa d'entendre que la vida t'ha donat aquests dies i que són, com tots, irrepetibles. Que pots decidir viure'ls o deixar-los passar. I jo he decidit viure volent viure els dies. Que no és cap redundància.

«He decidit ser feliç. Perquè, a més, és bo per a la salut.» Ho va escriure Voltaire, i així ho sento.

Feliç.

Quan vaig descobrir que a la presó també es podia ser feliç, ho expressava amb prevenció. Els primers cops que ho vaig dir, gent que m'estima moltíssim m'ho va retreure. Amb força ímpetu, ho van fer. Em deien que no s'entenia, que podia semblar una conformitat, que políticament sonava estrany. I em demanaven que deixés de dir-ho. Sense adonar-se, potser, que així, indirectament, em demanaven que no en fos. No els vaig fer gens de cas. En això, com en altres coses, vaig decidir ser volterià.

Em van operar de l'orella a l'Hospital de Manresa. No ho explico per enfilar ara històries d'anàlisis i d'anestèsies. Però voldria

«El sol entra per la finestra mentre escric, la temperatura és agradable i se senten cantar els ocells. Els pius, que diu l'Amat.»

DIETARI, 5/6/19

saber transmetre l'emoció intensa d'aquell moment. Després d'anys a la presó. No em sento capaç de posar-hi adjectius. És tans sols que de cop vaig constatar en primera persona què significa la solidaritat de fils invisibles, el batec compartit. No calien discursos ni proclames. Cadascú el seu gest, natural, net d'ostentació. De vegades, sense que t'ho esperis, la vida t'aboca a sobre una allau de realitat que t'ho posa tot a lloc. I ara que puc li ho vull agrair.

Vaig sortir de Lledoners a les set del matí. A l'hospital, des de la finestra de la sala d'espera, es veia Montserrat.

Sense haver-la d'imaginar: Montserrat.

M'hi vaig quedar embadalit.

Quan vaig entrar al quiròfan, l'equip complet em va rebre somrient. Totes duien la gorreta del cap de color groc. Sentiments a flor de pell. La Dolors, la doctora, em va explicar que l'operació seria ràpida i que a l'hora de la reanimació podria veure la família. Em va fer un petó a la galta. La Lídia, la infermera en cap, em va agafar la mà, i l'anava estrenyent mentre em deia que no calia que entrés en detalls, però que em donava les gràcies en nom de totes les persones que hi havia allà, que eren conscients de l'esforç personal que fèiem els presos polítics. Jo tenia un nus a la gola. Van anar passant d'una en una. Allà estirat, vaig provar de retornar-los l'afecte amb una mirada, un somriure, alguna paraula vaga. Sense deixar-me anar la mà, la Lídia em va recomanar que tingués pensaments dolços. Em van dir que em provaven la màscara per a l'anestèsia. És la darrera cosa que recordo. Després, un son profund i plàcid.

Quan faltaven cinc minuts per a un quart de sis de la matinada del 23 de setembre del 2019 naixia en Camí. 3,470 quilos. 53 centímetres. Una preciositat.

A dos quarts de tres m'havien despertat per l'intèrfon. Passats dos quarts de quatre sortíem de Lledoners, en un cotxe dels Mossos d'Esquadra. Vaig entrar a la sala de parts pràcticament corrent i amb prou feines deu minuts després naixia el nostre fill petit. Sé que la Txell em va esperar.

Tot va anar bé. Ràpid. Emocionant. Vam plorar. Les llevadores i les seves ajudants, noies joves amb coratge i fermesa, van fer una feina excel·lent.

A les vuit del matí ja érem a l'habitació, tots tres junts. M'hi vaig poder quedar fins a les dues. L'autorització dels jutges era estricta: sis hores després del part, ni un minut més.

Amb la Txell recuperada, ho vam celebrar amb una llonganissa de Vic i una mica de vi negre.

Quan vaig tornar cap a Lledoners, els Mossos havien canviat el to cordial per un silenci estricte. Fins que un d'ells, suposo que en veure'm tan tocat, es va girar i em va dir: «Sou molt valents tots dos».

Que no era qüestió de valentia. Però que entenc què volia dir. I que en aquell moment em va fer tant de bé.

Després, a la cel·la, les sensacions contradictòries s'encavalcaven sense ordre: un gran, intens, saber-se feliç, i l'esquinç d'haver hagut de deixar allà el fill de poques hores, i la Txell, i l'Amat, i l'Uri i en Pol... El lloc d'un pare és, segur, al costat de la seva parella i els seus fills. Que és la lluita per al dia de demà, també, sí, i que a vegades la força d'un poble és tan sols una família que lluita per romandre unida. De tantes famílies. Però que en aquell moment, en aquelles hores, només hi havia al món el nostre Camí. Tan menut.

Controlar la por. Quin llarg aprenentatge. Esforçar-te, conscientment, com qui practica una taula d'exercici físic, estiraments, tantes abdominals, bicicleta estàtica (aquí no n'hi ha d'altra), el que sigui, a mantenir els ànims a lloc. I a estimar-te. Precisament per poder estimar els altres. Per poder estimar-los sense dependre de ningú més que no siguis tu mateix. Aquesta llibertat que res no et pot condicionar. I que t'ofereix la capacitat de prendre decisions (petites, subtils, transcendentals: cada dia en prenem tantíssimes sense ser-ne conscients...!) deslligat de la cotilla de la por. Quan ho comences a assolir, quan aconsegueixes que no et fiquin la presó a dins, la vida pren una altra dimensió. És així com, passi el que passi i et tinguin tancat el temps que et tinguin tancat, aconsegueixes allò que William Ernest Henley va immortalitzar en un poema, que Mandela va omplir absolutament de sentit i que hauria de ser divisa de la vida plena: «*It matters not how strait the gate,/ How charged with punishments the scroll,/ I am the master of my fate:/ I am the captain of my soul*» (aproximadament: que tant és si la porta és estreta, quantíssims càstigs carregui la sentència: soc l'amo del meu destí, soc el capità de la meva ànima).

«Plou. La sala on fem la videoconferència és sòbria. En Jan de seguida ho diu: "Hòstia, que lúgubre, això! Sembla que siguis al corredor de la mort!" Curiós. Jo hi estic tan acostumat que ni me n'havia adonat.»

DIETARI, 13/8/20

Aquesta fortalesa interior no és poca cosa en general. Per encarar-te a la repressió diria que és essencial. Ghandi ja ho va formular de manera immillorable: «Cuida els teus pensaments, perquè es convertiran en les teves paraules. Cuida les teves paraules, perquè es convertiran en els teus actes. Cuida els teus actes, perquè es convertiran en els teus hàbits. Cuida els teus hàbits, perquè es convertiran en el teu destí».

I, com hi ha la vida, hi ha el perill.

L'abril del 2020 em va arribar la mala nova que la Quimeta havia agafat la Covid. Que tenia febre. Que ja duia el respirador. Tenia noranta-sis anys acabats de fer. Noranta-sis, que aviat és dit.

A casa de la Quimeta, a dalt de la botiga, vaig veure per primera vegada TV3. Una tele en català! Semblava impossible, però allà es veia. A casa de la Quimeta. Ous ferrats i TV3. Era l'àvia que no havia tingut. I, sobretot, la mare que no havia tingut la Maruja, perquè la seva se n'havia anat massa jove.

I ara deien que se'ns en anava, que s'apagava a poc a poc.

Quin tip de plorar.

De cap manera no voldria que ningú em prengués els moments de tristor, però. Ni aquí ni enlloc. També ells ens fan la vida. I ens allunyen de la superficialitat, i ens mantenen sensibles a l'esdevenir de les coses. Si no ens perden en la desesperació, ens ajuden a entendre millor què representa el dolor dels altres. Mantenint la consciència que el dolor de cadascú és tan seu que es fa impossible sentir-lo de la mateixa manera. Però reconeixent-ne l'existència, simplement. Tan sols això. Per intentar mitigar-lo.

La Quimeta, deixeu-m'ho celebrar i dir, va sobreviure a la Covid. Perquè és filla de Cal Cremasants i potser ja no hi cal gaire més explicació; i per la fortuna, sobretot, de tenir uns professionals de la sanitat excepcionals. Que és la seva feina i que la fan i que ja està i que així ha de ser. Però que no els ho agrairem mai prou.

No hi ha semillibertat com no hi ha semiamor ni semivida.

El tercer grau (sortir a treballar i tornar a dormir a la presó), els permisos (de dotze o vint-i-quatre o quaranta-vuit hores o el que sigui) no són la llibertat, són una altra cosa. Anar-hi pensant uns dies abans, degustar després cada minut, que la mirada no et tingui límits (cal acostumar-hi de nou els ulls, però de seguida s'hi fan), reconèixer els gestos de la gent que t'envolta, aspirar a la normalitat que encara t'és negada.

I tornar.

Que de vegades els peus s'hi resisteixen, però que els has de dominar.

I recordar, amb plena consciència, que no hem vençut, certament, encara, però que ells tampoc no ho han fet. «Ells» en el sentit fusterià del terme: no pas personalitzat, sinó com l'Estat que representen.

Va bé prendre perspectiva. En general i per als afers de cada dia. Per superar les sensacions estranyes, contradictòries, dels permisos, posem per cas: per què em separen dels meus fills i de

«He pensat aquests últims dies com canviarà la meva percepció quan sigui a fora i escolti qualsevol condemna. El pas per la presó ho capgira tot.»

DIETARI, 20/11/17

la dona que estimo i em fan tornar a la presó abans de les nou del vespre? Doncs perquè no han pogut vèncer. Perquè romanen encallats en el seu fracàs, i en cadascun dels homes i les dones en qui personifiquen la venjança, l'escarment que volen exemplaritzar, proven de descarregar-hi la impotència. Perquè tan poca cosa com diuen que som els catalans i resulta que hem fet un seriós escac a tot un Estat. Potser és que aquest Estat té més debilitats que no es pensa, que no deixa de ser un engranatge ple de por.

I això de vegades es posa en evidència en les coses petites, fins i tot en l'anècdota. Donar un permís o negar-lo. Gastar temps comptant els minuts que passen de l'hora quan et fan tornar.

No sé si som veritablement conscients de la magnitud del que preteníem fer: crear un nou Estat a l'Europa occidental. Poca broma. L'objectiu era (és!) ambiciós: fer allò que ningú no ha aconseguit des de fa cent anys. Ningú.

Vull dir que potser hem subestimat la dimensió del repte. I que potser ara, avui, al mateix temps, subestimem l'abast del que ja hem fet, aquesta inflexió en la correlació de forces que, si la sabem aprofitar, pot esdevenir un abans i un després definitiu. Perquè resulta que en ben pocs anys hem més que duplicat la base social i electoral de l'independentisme, hem posat en marxa el moviment de lluita noviolenta més gran que ha vist l'Europa occidental les darreres dècades, i hem causat a l'Estat espanyol una crisi de legitimitat de proporcions extraordinàries. De fet, avui per avui, a Catalunya, l'Estat amb prou feines se sustenta per la força del seu aparell repressiu (policies, jutges, presons).

Tan poc poder hi té, ben mirat, que no gosa convocar el poble a decidir el seu futur a les urnes. Perquè sap que, en termes democràtics, ja ha perdut Catalunya.

Però diria que aquest doble subestimar ha tingut, i té encara, com a efecte, un negatiu sentiment de frustració. Per l'objectiu no culminat encara però sobretot, segurament, per l'íntim convenciment que l'octubre del 2017 teníem la independència més a prop. I perquè no es va materialitzar l'oportunitat de fer un pas de gegant democràtic. I és obvi que va faltar determinació dels polítics, però també ho és que la gent no pot, no podem renunciar mai a ser exigents amb els servidors públics. I que ells han de complir els compromisos adquirits. I que hem de ser exigents. I ells complir.

Exigents.

Complir.

Si bé el poble de Catalunya es va mostrar extraordinàriament determinat en una voluntat que va unir ideologies, sentiments i identitats molts diverses a favor de construir una república, igualment ho és que es va trobar al davant un Estat decidit a assumir qualsevol cost per impedir-ho, a arribar més lluny que no havíem pensat en tractar-se d'un Estat de la Unió Europea. Vam mostrar molta determinació, per tant, però també, segurament, falta de memòria històrica.

La presó no té cap virtut ni pots treure-n'hi cap. No et fa més lúcid ni més res. Tan sols permet, si te l'agafes, temps. I cert distanciament. Per allunyar-te del sentiment de frustració. Per prendre perspectiva i, des d'ella, remarcar tant com hem fet i avançat (i en tan pocs anys!). Per constatar les traves greus que no vam preveure. Permet pensar com hem de continuar des d'on som per superar els obstacles que ara sí que coneixem (la negació a acceptar la voluntat del poble de Catalunya, la repressió en les seves formes diverses). I sí, prou que ho sabem i ja ha estat dit: hem de ser-ne més i també més decidits. Per tal de tombar un mur gruixut de sordesa a la voluntat democràtica cal molta força, molta determinació. Per això penso que hem d'anar gestant una estratègia de lluita noviolenta organitzada, cada vegada més extensa i decidida, i que ha d'anar passant de la deslegitimació de l'Estat a empoderar-nos realment. Això significa dinàmiques de desconnexió real i concreta de l'Estat, enfortiment d'estructures cíviques encara més potents i massives de les que tenim, determinació. I alhora, també, assumpció de les conseqüències d'aquesta estratègia de lluita noviolenta i desobediència civil (és a dir, actuar amb consciència de la repressió, no deixar d'actuar per culpa seva). Tal com han fet tots els moviments de lluita pels drets civils, sempre, i a tot arreu.

No he volgut fer un llibre per explicar el que m'ha passat, sinó per compartir reflexions i aprenentatges. Perquè, a la presó, he pogut reflexionar molt, llegir, parlar i escriure'm molt i amb molta gent, i provar d'entendre coses i d'extreure'n, de tot plegat, algunes idees que, potser només ara, estem en condició de convertir en aprenentatges compartits, capaços de projectar-nos endavant. Soc conscient que l'experiència viscuda ha estat, en molts sentits, transformadora, no només per a mi i per a la meva vida personal, sinó també per a la comunitat, de la qual em sento part com a activista i com a president d'Òmnium.

Per això, no he volgut articular un programa d'acció, tot i que sé que, de les reflexions i els aprenentatges compartits en aquestes pàgines, se'n deriva una proposta, que travessa el llibre sencer i que, en alguns moments, s'arrisca a baixar a la concreció. Però no vol ser una guia, ni un manual d'instruccions, ni encara menys un llibre de receptes, sinó potser una brúixola, que té, amb tota modèstia, la voluntat de ser útil. Madurada durant quatre anys, de manera dialogada, amb moltíssima gent d'orígens diversos. Amb la voluntat que no sigui de part, sinó de pont i lloc de trobada possible. Aquí queda, doncs, entre les pàgines d'aquest llibre. Per poder-ne parlar. Per discutir-la. Però sobretot per avançar. Perquè el repte més gran que tenim és retrobar la força i el poder de l'acció col·lectiva.

Escric aquest apunt per al darrer capítol del llibre, precisament, potser el més personal fins allà on he pogut (o gosat), i ho faig a posta. Perquè la presó no té cap virtut, però s'hi aprenen coses: per exemple, la constatació, concretíssima, directa, palpable, que tot temps és temps viscut. Temps que ens fa. I que, per tant, mentre duem a terme tots aquests afers importants que deia abans, no hem de deixar, mai, alhora, d'aprendre a viure. I de fer-ho buscant la felicitat. La nostra i la dels nostres.

I dic això essencialment per dos motius: perquè massa sovint perdem de vista que tan sols vivim una vegada, que la vida d'ara és la que tenim, i que lluitar per les coses justes no ens ha de fer ajornar la felicitat ni viceversa, i perquè aquesta nostra voluntat de llibertat, de més democràcia, d'independència, no és tan sols un enunciat, un instrument que ens alliberi per fi d'una monarquia corrupta que ens espolia econòmicament, que alimenta la desigualtat social, que no ha superat encara l'arrel reaccionària de la seva història recent de cops d'estat i dictadures, sinó, sobretot, un anhel en positiu, la via per bastir una república catalana que sigui respectuosa amb els drets, amb el medi, amb el benestar col·lectiu: respectuosa, on la gent se senti responsable i se sàpiga lliure per decidir-ho tot. Fraterna amb tots els pobles d'Espanya, amb tots els pobles d'Europa, del món sencer. Perquè no hi ha lluita més global que la local. I amb la independència no s'acaba res, sinó que comença tot.

La democràcia és fràgil i sempre està en perill, igual que ho està la nostra vida al planeta. Lluitar pels drets humans i la justícia social als Països Catalans és fer-ho per qualsevol altre indret del món. La nostra és una lluita internacionalista, des de Kabul fins a Alabama, des de Quito fins a Hong Kong, i ens n'hem de sentir orgullosos. Són les paraules del poeta, que ens ho expliciten clarament: «Tenim a penes el que tenim i prou: l'espai d'història concreta que ens pertoca i un minúscul territori per viure-la». I això ens correspon, aquest esforç i aquesta tranquillitat. Per nosaltres mateixos. I pels nostres avis. I pels nostres fills. Al capdavall, recollim el que sembrem: si generéssim por i tristor, això tindríem. És molt millor esforçar-se a generar (i, per tant, a recollir) entusiasme i esperança. Sempre endavant.

Aquest llibre entra a impremta l'1 d'octubre del 2021,
quatre anys després del referèndum d'autodeterminació,
quan 2,3 milions de ciutadans van protagonitzar
l'acte de desobediència civil més massiu
d'Europa de les darreres dècades.

L'equip de la cooperativa Som* agraïm el temps que has dedicat
a la lectura d'aquesta obra de l'editorial Ara Llibres i t'animem
a compartir la teva opinió amb nous lectors i noves lectores
i a fer-nos arribar les teves sensacions mitjançant les xarxes socials.

Els teus comentaris donen sentit a la nostra feina
i ens ajuden a impulsar més lluny cada nova proposta editorial.

#AprenentatgesIUnaProposta